短時間で効果抜群！70のアレンジを収録！
小学校 国語科
話すこと・聞くことのエクササイズ70
モジュール，帯単元，小単元で大活躍！

井上 一郎 著

JN137925

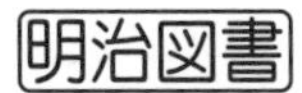
明治図書

Preface ／まえがき

「話す力・聞く力」の育成には，次のような特徴と指導上の課題があります。

○「話す力・聞く力」は，生まれた瞬間から大人まで，その年齢に応じた能力を求められます。言わば，止むことのないラーニング・スキルを要求されており，自ら向上させていくことが不可欠だという特徴をもっています。

○今後求められる「21世紀型学力」や学習指導要領においては，課題解決力とともに，一人で遂行する能力のみならず，複数の協力のもとに成就させるTeamwork力を基盤とする対話的な思考や活動能力を求めています。未来は異質で考えの違う人も含めた他者との対話をする能力を求めているのです。

○未来の学力観を入試改革にも反映させようとしています。〈複数の資料を対象とし，読解や思考を重ね最終的に記述する能力〉を具現しようとしています。言語能力は，話し言葉と書き言葉について理解と表現が相互に関連し合って高まっていくものです。「話す・聞く能力」が高まらなければ書き言葉の記述力も高まりません。英語でlisteningとspeakingの能力が重視されていることはそのような考え方に合致しています。そこで，学校教育でのカリキュラム化が必要なのですが，単元全体での話すこと・聞くことの指導だけでは，実践力が身に付かないという現状があります。

このような特徴と指導上の課題を踏まえ，短時間でできる「話すこと・聞くこと」のミニ言語活動アイデアをエクササイズとしてまとめた一冊を刊行

することにします。「練習」を目標とするには，次のような表現が可能です。

○ exercise：心身・頭脳などを鍛えるための練習
○ rehearsal：練習
○ training：能力を向上させる練習
○ practice：上達のための練習
○ workout：運動の試合に備えた練習

通常，本書のような活動には，トレーニングという言葉が浮かびます。辞書によれば，「エクササイズ」は，簡単かつ短時間で行う練習です。反復してもよいし，精神的な側面も含む自主的なもの。「トレーニング」は，指導者のもと，目的に応じて順序よく活動しながらアップスキルする継続的なものとして使い分けられているようです。本書は，次のようなねらいをもって編集しますので「エクササイズ」という書名を採用しました。

①10～15分程度のモジュール，帯単元，１時間の小単元，季節に応じた活動等で取り組む活動を２ページで提案する。
②学年や系統性は，オープンに考えて取り組めるように配慮する。題材による難易によって学年に応じた活動を具体化する。
③話す力・聞く力を育成する，確かで楽しい活動アイデア＝エクササイズ70を提案する。学年に合わせてアレンジメントできるように適宜アイデアを追加する。「70＋70」とした理由です。
④学習指導要領の指導事項及び言語活動例も十分考慮し，本単元で行う言語活動と連携させたり，発展させたりすることができる。
⑤ゲームのように楽しい気持ちで反復して取り組むことによって，確実に能力を定着させていく。

本書は，次のような著作をもとに筆者がアイデアを構想しました。

『話す力・聞く力の基礎・基本』『話す力・聞く力の基礎・基本を育てる―小学校―』『話すこと・聞くことの基本の能力の育成―中学校―』『小学校国語　「汎用的能力」を高める！　アクティブ・ラーニングサポートワーク』『アクティブ・ラーニングをサポートする！　小学校教室掲示ポスター＆言語能力アップシート事典』『アクティブ・ラーニングをサポートする！　学校図書館活用プロジェクト　掲示ポスター＆ポイントシート事典』。

アイデアをもとに「全国国語教育カンファランス会員」による実践検証も行いました。実践報告には，児童たちが喜び，何度もやりたいと要望していることが報告されています。会員には，刊行に大きな協力と支援をいただきました。深く感謝します。先生方には，本書を活用し，楽しく力の付く活動を展開してくださることを強く願っています。

2019年３月

井上一郎

Contents ／ 目次

p.56 Chapter 3
話す力を育てるエクササイズ18

Chapter 4
聞く力を育てるエクササイズ17

p.126 Chapter 5 話し合う力を育てるエクササイズ17

1 パブリックな「話し手」及び「聞き手」になれるような活動を構想する

児童自らが「話し手」・「聞き手」という立場を強く意識し，パブリックな場面でも目の前の相手に応じて，情報や意志を伝えることができるように言語活動を構想することである。言語活動のヒントとなる「指導ポイント」（Tip/helpfull hint）を準備するとともに，実際に経験をし，いつでも現実場面で活動できるようにすべきである。なお，指導ポイントは，自己評価の基準にもなる。「話し手」・「聞き手」になるために，次のようにするとよい。

⑴「話し手」・「聞き手」の立場を意識しながら，独話活動・対話活動・聞く活動の３つの表現様式を経験させる

①少数または多くの聞き手に，１人で話すこと［独話］
②２人以上で話し合うことと，司会をすること［対話］
③少数または多くの人の話を必要に応じて聞き取ることと，インタビューして聞き出すこと［聞く］

対話や聞くことでは，話し手と聞き手が交代することに注意し，司会力は特別プログラムでの指導機会を設け，全員が運営できるようにする必要がある。

⑵話し言葉と書き言葉の違いを自覚させる

①話し言葉は，言葉と言葉以外によるコミュニケーションの両方を重視しないといけない。例えば，話し手は，姿勢，表情，会場に応じた声量，視線などが聞き手に影響を与える。逆に，聞き手がうなずきや反応もない無表情な感じだとしたら話し手は心が折れる。お互いに，感情的にならず，押しつけがましくもならず，敬意を忘れない態度が必要である。
②スピーチや討論会の進行表など原稿の作成と，会場に応じた声を出す力の両面から検討する機会を与える。
③音声メディアなので，一文を短くしたり，談話全体の構成を分かりやすくしたりする。繰り返し聞くことも難しいので，ガイダンスを心がける。

例えば，話す内容を２つ，３つに枠付ける，全体の中の位置を示す，要点や主張を明確にする，大事なことを繰り返すなど。

④相手の知識の深さを推し量る。(先行知識，予備知識，専門知識など)

⑤相手の理解度・理解力を考慮する。

⑥一緒に考えるように展開し，一方的に話さないようにする。

⑦立つ位置を決め，自信のある態度で姿勢よく発表する。

⑧会場全体にアイコンタクトしながら，聞き手をよく見る。

⑨原稿を見るところと，暗唱して発表するところを区別する。

⑩速さを変える，間を取る，相手が考える時間を待つ，強調する，文末の調子を変えるなど，同じ調子が続かないようにする。

⑪意見，主張，提案をするときは，原因，理由，根拠，背景を付ける。

⑶独話，対話，聞くという３つの活動のどの場面でも，聞き手を育てることを忘れない

スピーチをすると話し手ばかりを重視しがちになる。聞き手も同時に指導するとよい。どのように反応したり，考えを高めたり，疑問をもったり，質問ができるようにしたりすることを指導する。時には，話の的確性・妥当性・客観性・現実性などクリティカル・リスニングすることも心がけたい。

⑷質問するときには，次のようなことに注意させる

①肯定的で生産的・建設的に聞く。

②前置きを長くせず，要領よく簡潔にする。

③１回の質問項目は絞って聞く。

④相手の言葉を要約したり，引用したりしながら聞くようにする。

⑸質問に対応して解答・回答する能力は，話す力・聞く力の両面の能力が必要となるので積極的に指導する

①質問の意図をよく理解し，整理や分類をする。

②質問を想定して話すとともに，質問の回答を準備しておく。

③要求された情報や結論から話すようにする。

④必要以上のことは話さず，短く簡潔に解答・回答する。

② 年間指導計画に位置付け，多様な単元の中で指導する

１つの単元をいくら工夫しても，一度だけの取り組みでは実践力は身に付かない。学校のカリキュラム・マネジメントの中に位置付けることが〈話す力・聞く力を身に付ける活動のポイント〉の２つ目となる。本書では，10～15分程度でできるエクササイズを編集している。このような短い時間で行う小単元の学習とともに，国語科及び各教科等での指導と連携させることが重要だ。いつでも知識・技能を振り返ったり，学年に関係なく何度でもエクササイズを繰り返したりすることで実践力が付くのである。どのように連携させればよいか，カリキュラム・マネジメントの方法を見ておこう。

⑴話すこと・聞くことの年間指導計画での本単元，小単元における活動

国語科の話すこと・聞くことの本単元では，比較的長い時間が割り当てられている。教科書会社によって単元数は違うが，年間を通してどのような内容や系統化が図られているのかを十分把握する。実際の指導では，本単元にしろ，小単元にしろ，具体化は，身近な素材を活用し，楽しく行うようにする。知識だけを確認するようなことではいけない。必ず実際に話したり聞いたりすることを児童全員が経験できるようにする。

もちろん，単元相互の関連付けを忘れない。１つの単元で学習したことを定着させるように，どのように反復するかが最優先事項である。

⑵書くことの年間指導計画での本単元，小単元における話す・聞く活動

書くことの領域で行う言語活動には，話すこと・聞くことの言語活動と内容が重なることも多い。例えば，説明，報告，感想，意見，提案などは，両者の言語活動が重なっている。したがって，書くことの領域でも関連付けて考えることが重要となるのである。

関連付けの必要性は，次のようなことからも強調できる。書くことのプロセスである，課題設定，取材，調査，資料の読解，構成，記述，推敲，完成，文章のプレゼンテーションなどの各過程では，グループワークやクラスワークでの話す・聞く活動が活発に行われる。黙々と書く時間もある。しかし，

多くは話し合って考えることが多い。話すこと・聞くことが基盤となるのだから，関連付けが欠かせないのである。

⑶読むことの年間指導計画での本単元，小単元における話す・聞く活動

書くことと同様に，言語活動において表現様式の重なりがあり，読むことのプロセスにおいて，話すこと・聞くことの活動が十分行われるという点から，関連付けが必要となる。

⑷話すこと・聞くこと，書くこと，読むことの複合単元における活動

単元構成上，話すこと・聞くことは，書くことと読むことの単元と複合的，統合的に単元化されることが多い。ここでも，関連付けが必要となる。

⑸各教科等における話すこと・聞くことの活動

アクティブ・ラーニングをするためには，汎用的な言語能力として話すこと・聞くことが不可欠となる。そこで，話すこと・聞くことの単元で学習したことを生かす関連付けが必要となる。

⑹学校内における日常的なコミュニケーション活動

話すこと・聞くことは，言語活動の最も基盤となる日常的なことだということは誰もが認める分かりやすいことである。したがって，日常の中でも指導をするとよい。本書に収録したボイストレーニングとなるエクササイズや話し方・聞き方などを取り上げるのはとても有効である。

⑺教室やスペースなどに貼付したポスターなどの言語環境作り

話すこと・聞くことが日常的であるがゆえに，言語環境として必要なポイント（Point，Hint，Tip）を掲示すると効果的である。ポスター等を活用して教室に貼付し，それらを見て自己評価できるようにしたい。

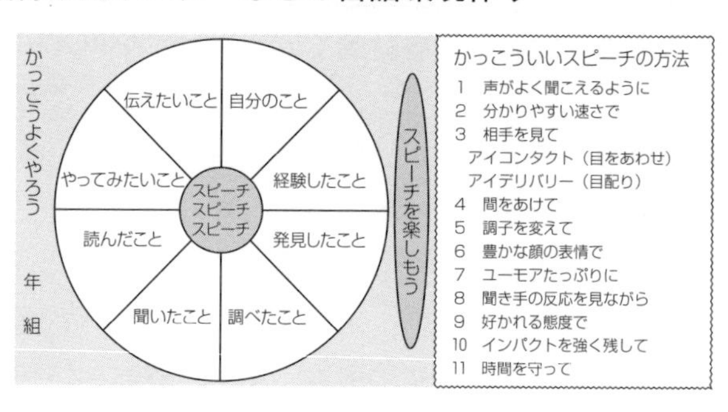

（『話す力・聞く力の基礎・基本』p.44）

③ 相手や目的に応じた多様な活動のパブリックな「場」で練習する

相手や目的に応じた多様な活動のパブリックな「場」こそが最も児童の話す・聞く能力を高める。どんな場面になっても慌てず，相手や目的に応じて活動できる自信を与えることが〈話す力・聞く力を身に付ける活動のポイント〉の３つ目となる。

そのためには，話すこと・聞くこと専用の原稿用紙やメモの使い方を指導することから始める。書くことで使用する400字原稿用紙は，小さな文字でびっしり書き込んだものとなり，発表原稿としては不適切である。話し言葉専用の原稿用紙を用意する。もし，400字原稿用紙を下書きとして使用するのなら，必ず発表原稿に書き直す作業も追加するようにする。

話し言葉の原稿用紙は，アナウンサーがテレビ等で使用しているものを参考にすると，10文字10行の原稿形式になる。文字も，20～30ポイントぐらいの大きなものにする。発表のときに見やすく，顔を上げた後もすぐに読んでいるところに戻れる。

表現様式も次のようなものを準備し，単元化するとよい。この中には，児童段階では活用しないこともあるが，どのような表現様式があるかを押さえ，児童段階での指導を確かなものにしたい。

⑴話すこと（聞くこと）が中心

①会話

挨拶，話しかける，相づち，聞き直す，質問，連絡，伝達，通知，依頼，申し出，約束，褒める，感謝，礼，命令，不満・苦情，歓迎，招待，謝罪，電話

②発表，スピーチ（日常の話題，経験），プレゼンテーション

③賛成，反対，承諾，断り，主張，意見

④感想，評価，批評，講評

⑤紹介，推薦

⑥案内
⑦説明・解説
⑧観察報告，経験報告，調査報告，活動報告，現地報告，中継，放送，報道

⑵話し合うことが中心

①説明会ーオリエンテーション，概要説明会，マニュアル
②発表会ー経験発表会，読書発表会
③報告会ー調査報告会，活動報告会
④対談，鼎談，座談会，面談・面接
⑤会議，協議会（グループ，多人数，公開）
⑥討論会（ブレーンストーミング，バズセッション，パネルディスカッション，ポスターセッション，ディベート，フォーラム，審議会）
⑦相談会，助言，説得，評論，論説
⑧宣伝，広告，提案
⑨インタビュー，記者会見
⑩実演（授業・講義，講話・講演） など

4 話すこと・聞くことの構成や記述力を高めるようにする

書き言葉では，「文章」という単位を使用する。話し言葉では，文章に該当する単位を「談話」と言う。書き言葉の「文章構成力」は，「談話構成力」と呼ぶ。書き言葉では，文章構成力や記述力の指導を大切にする。話し言葉でも，スピーチなどの事前に準備する活動では指導することもあるが，いろいろな場面で即時的に対応することが多いので指導がおろそかになることが多い。〈話す力・聞く力を身に付ける活動のポイント〉の４つ目は，談話構成力や記述力について丁寧に指導するステップを必ず設けることである。

⑴談話構成に関して

①冒頭部ー展開部ー終結部の３段構成（序論・本論・結論）にする。複雑な報告等もある。

○〈導入・前提・問題提起・解決・結論・展望〉

○〈動機・調査目的，仮説・予想，方法，調査実施（観察，実験），結果，考察，結論・総括・課題・展望等〉

②短い話では，結論を早く示し，理由，補説，例を追加する。
〈頭括，尾括，双括〉の２段構成も有効である。

③段落の移行がよく分かるように連接のつなぎ言葉を明確に示す。
承ける，説明する，展開・発展する，要約する，まとめる，など

④段落内部の構成（具体と抽象，事実と考えの移行）も明確にする。

○具体から一般化へ

○考えから事実，具体例へ

○考えから説明・解説へ

○原因・理由から結論・提案へ

○比較・対照しながら結論へ

○疑問，質問，反論を引き受け議論しながら結論へ

⑵記述に関して

○具体的説明：例解的説明，図解的説明，音声・映像的説明，実物的説

明，演示的説明

○統計的説明：グラフ的説明，表的説明

○質疑応答的説明

○順序的説明

○時間的説明

○空間的説明

○ランキング的説明

○思考操作的説明

○列挙的説明　（参照『誰もが付けたい説明力』）

⑶相手と一緒に場面を作っていく柔軟な話し方

○重要度に応じて語順を変更する。

○極端に程度を強める。

○直接引用を用いる。

⑷レトリックを駆使して興味深くする

○比較・対照

○反復　○比喩

○矛盾語法

○反語表現

○引用（直接，間接）

○聞き手に話しかける人格文

「いいですか」「分かりますか」と確認，「諸君」「皆さん」「そこの人」など全体に直接呼びかける，特定の相手に対する相づちや応答や驚きを示す。

⑸退屈さや思考の浅さを暗示するので，同一文型の連鎖を避ける

○主語の連鎖

○述語・文末の連鎖

○キーワードの連鎖

⑹複数の意味に取れる表現を避ける

○同音異義語・同訓異義語など紛らわしい表現を避ける。

5 ルールに基づく活動プロセスに基づいて構想する

このポイントは，学習ルールに基づく活動の展開を構想することである。本書のエクササイズの構想は，以下のようなルールに基づいて構想したが，実践リポートを読むと児童がいかに夢中になっているかがよく分かる。ルールの正しさが証明されたわけである。そこで，基盤とした活動ルール【9ルール】をここで具体的に説明しておきたい。

ルール1 話すこと・聞くことのプロセスの原則

国語科で本格的に単元構成する場合には，次のようなプロセスをたどる。

話すことのプロセス

【第一段階　スピーチ原稿の作成】

1導入　2課題設定　3学習計画　4取材①　5主張決定　6構成　7取材②　8叙述　9音声化　10推敲①（記述）

【第二段階　音声化】

11シミュレーション　12推敲②（記述）　13音声化記号付け　14リハーサル　15推敲3（記述）　16発表会　17モニターリング　18相互評価・自己評価

ここで重要なのは，原稿作成と音声化の2ステップを大事にする，話し言葉の特質を踏まえた原稿を書く，シミュレーションとリハーサルを区別するなどである。小単元のエクササイズも，これらを基盤に最も重視する能力とプロセスを焦点化して考える。

ルール2 活動課題

活動課題は，日常生活やメディアで見るような「現実の話す・聞くシチュエーション」にできる限り合わせた活動を工夫する。そのことによって，意欲喚起とゴールの明確化，憧れの職業などへのチャレンジ精神等を喚起し，成果が大きくなる。特に，普段隠れている能力を児童が再発見した実践リポートが多くあったことからも証明できる。

ルール3 学習形態

司会団による進行，個人で個別に活動するパーソナルワーク，グループワーク，クラスワークを混合させて活動する。審判団も編成し，児童自ら活動するアクティブ・ラーニングで展開する。

ルール4 協同学習＝チーム力

協力したり，共同してやる楽しさを感じるとともに，競争してゲーム感，達成感を感じるチーム力を重視する。

ルール5 審判団の編成

活動の終了を明確にするために判定（ジャッジメント）をする活動も導入する。ジャッジメント judgment は，教師が行う場合にも，児童が行う場合にも，評価基準が明確でなければならない。審判団は，１つのグループ，グループの代表の集合，司会団が兼務するなどがある。ジャッジメントは内容に合わていろいろな工夫をする。例えば，次のような方法がある。

①順次挙手して意思表明する。

　ーよかった（十分だ）と思う人は挙手してください。

　ーもう少し頑張ってほしい（不十分だ）と思う人は挙手してください。

②挙手のとき，パー（賛成）とグー（不十分）で意思表明する。

③挙手のとき，カードの色で意思表明する。

　ー青（白）ならよい，黄（赤）なら不十分として一斉にカードを示す。

④よい（賛成）なら起立して意思表明する。

⑤カードやワークシートに書いて意思表明する。

⑥カードに判定基準（判定表）が書いてあり，採点してカードを上げる。

※採点の点数を示す，内省法で「1，2，3」となっていて○を付けるなど。

⑦教師がジャッジする。

ルール6 時間計測

決められた時間内で活動する。時間係が計測し，活動は全体で10～15分程度にする。活動を連続させるときなどは，5～10秒ルールを適用し，グループ内の交替を積極的に促しゲーム感を醸し出す。

ルール7 活動と能力向上

競争の楽しさや達成感を感じ取るだけでは十分ではない。児童が能力向上を実感できないといけない。「ゲームのように楽しいのに，勉強になった。」という児童の実感が，最も学習指導要領の〔知識及び技能〕と〔思考力，判断力，表現力等〕を統合させるのである。なお，Chapter２以下のエクササイズの解説に学習指導要領（CS）との関連について触れておいた。学年をオープンに考え，可能性のあるものを指摘している。

ルール8 活動の反復

児童が，エクササイズの楽しさに気付き，普段の遊びにしたり，同じ活動を繰り返してやりたいと思うように工夫する。

ルール9 実態に合わせたArrangement

基本となるエクササイズに加え，学年やクラスの実態に合わせて題材や活動の難易度を工夫する。本書では，発展させたアイデアを A1 A2 と70アイデアを示している。

1 しりとりを作って声に出そう

[CS との関連]〔知・技〕低「(1) イ」中「(1) イ」,〔思・判・表〕低「Aウ」中「Aウ」

[準備物，教材] しりとり（10語）を書き込むワークシート（渦巻き状の形式，フローチャートのようにつないでいく形式など）

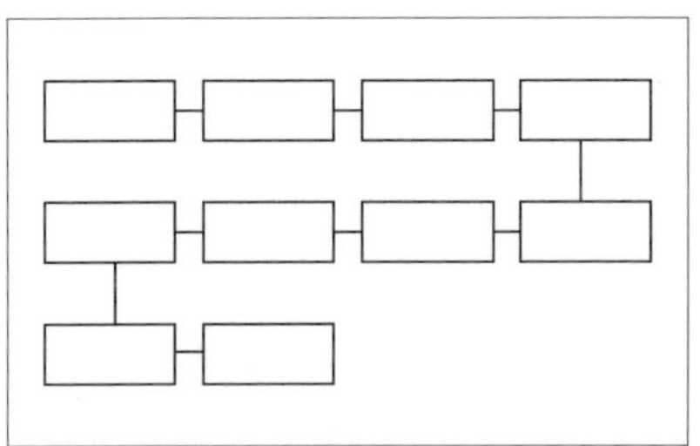

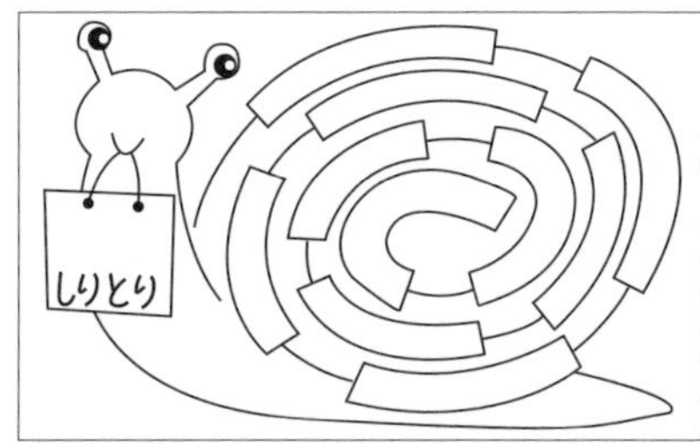

指導のねらいとポイント

「しりとり」を児童自ら作ることで単語一つ一つに対する思いを高めて発音力を上げようとするエクササイズである。音声力を育成する。通常は，思い付くものを列挙すればよいのだが，発音よりも考えることが優先される。そこで，先に書き出しておいて発音にエネルギーを費やすように工夫している。作り方は，前の人が言った単語の最後の文字（発音）から始まる単語を次の人が言う。単語が「ん」で終わる単語を言ったら負け，というのが基本ルールである。工夫として，思い付く単語を絞ることもできる。文字数を制限したり（２～５文字程度），ジャンルを決めたり（動物，野菜，乗り物，建物，歴史的なものなど），漢字を含むあるいは漢字ばかりの単語，長音を含む，終わりの２文字をつなぐ，などいろいろな方法が提唱されている。

活動手順

❶「今日は，しりとりをするエクササイズをしましょう。作られたものではなく，自分たちで作ってみんなの前で発表します。よいものを作って，グループで発表して上手なグループを決めます。」と呼びかけ，ねらいと手順を説明する。（1分）

❷渦巻き状にしたサークルの途中に白箱（10語分）を設けたワークシートを配布する。ジャンル（動物，野菜，乗り物など）を設定して関連の強い単語をグループでしりとりにして作る。（3分）

❸グループ内で順番に読んでしりとりの練習をする。（3分）

❹クラスの前でお互いに作った「○○しりとり」を発表する。全グループが終了した時点で司会団が一番よかったグループを挙手で聞いてジャッジする。3分間で10個を目標に取り組み何個作れたか，言葉のおもしろさ，グループでの協力した音声面の発表力（声の大きさ，明瞭さ，リズムなど）などでジャッジする。（8分）

A1 単語を2文字，4文字などに限定する，漢字だけにするなど限定する。

A2 書き込みなし各グループで練習した後，クラスの前で発表する。

活動のポイント

作るのは簡単なようだが，難しい面もある。しかし，「難しかったけれど，分からなかったりしたのが，やっぱりしりとりの楽しいところだなと思いました。」「楽しくって，作って，発表して，いろいろなことをして楽しかったです。」このように児童が気付いているように，想像力を働かせて作り，発表して楽しくなるという流れが意欲と喜びを与えている。

❷ きりなし歌を音読しよう

[CS との関連]〔知・技〕低「(1) イ」中「(1) イ」,〔思・判・表〕低「Aウ」中「Aウ」

[準備物,教材] きりなし歌にする物語文ワークシート

指導のねらいとポイント

「きりなし歌」として編集された本文,及び,お話,詩,物語,古典の冒頭や本文の一節を「きりなし歌」として,グループで順次交代しながら音読するエクササイズである。口形を整え,発音力を育成する。「きりなし」とは,1文ごとに増やしていきながら,次の人は,いつも冒頭にかえって増やしていく。このようにきりがない読み方をすることから「きりなし歌」と呼ぶ。音読者が交替してもいつも提示した資料の冒頭部分から繰り返すので,発音する分量が徐々に増え,リズムも生まれ楽しみながら能力が向上する。「声の大きさ,明瞭さ,言葉を飛ばさない,交替が滑らか,リズムよく連続していること」などをジャッジメントの基準にする。

活動手順

❶声を上手に出せるように,物語の読み方を工夫して練習しようと投げかける。グループで1つのお話(物語)の一節を冒頭部分まで戻りながら少しずつ増やしていく輪唱のような「きりなし歌」にチャレンジする。この音読は,1人目が1文読み,次の人が冒頭から2文読むというように増えていく読み方であると説明する。よくできたグループをみんなでジャッジしようとエクササイズの説明をする。
「きりなし歌」の本文を配布する。(数行~1頁)(2分)

❷各自が音読練習した後,グループでつないで練習する。(5分)

❸クラスの前で各グループが「きりなし歌」を発表する。クラスの前にグループごとに出て,いかに上手に発音しながら,交替を滑らかにしているか

をジャッジする。審判団（各グループからの代表など）によって点数を付ける。または，全グループ終了後，一斉に，上手なグループの番号を挙げる。（8分）

A1 課題文を複数にし，各グループで違った「きりなし歌」を発表する。
A2 トーナメント方式で各グループが対戦して順次勝ち上がる形式にする。

活動のポイント

最初は，1文ずつだと考えて簡単なように思うが，増えていくことや交替時にスムーズに入れるかに緊張があり，音読力が高まる。「緊張して手がふるえた。」「一語一語のことを考えたり，リズムを取ったりしてできた。」（児童）と目的もよく理解して取り組んでいる。「班で協力して楽しくできたことが一番よかったと思います。」とグループで協力し合うことも意義深く受け止めている。

慣れてくるとリズム感が生まれ，楽しさも増す。「今までの国語で一番楽しかった。」と書いている児童もいるほどである。課題文を複数にしたり，各グループのトーナメント方式にすると一層盛り上がるだろう。

③ 早口言葉ゲーム

[CS との関連]〔知・技〕低「(1) イ」中「(1) イ」,〔思・判・表〕低「Aウ」中「Aウ」

[準備物，教材] 早口言葉を書いたカード

言葉の例ー早口言葉集やオンラインで適当な表現を入手し活用する。

○生麦　生米　生卵　　○赤パジャマ　青パジャマ　黄パジャマ
○坊主が屏風に上手に坊主の絵を書いた
○お客が柿むきゃ　飛脚が柿食う　飛脚が柿むきゃ　お客が柿食う
○瓜売りが　瓜売りに来て　瓜売り残し　売り売り帰る　瓜売りの声
○引きにくい釘　抜きにくい釘　引き抜きにくい釘

指導のねらいとポイント

早口言葉は，英語で「Tongue Twister」と言うように，「舌」が「ねじれる」ような言葉の練習として広く使われている。アナウンサー，俳優・声優など，プロでも放送前に舌の動きを滑らかにするのに使用しているエクササイズである。音声力と音読力を同時的に育成することができる。スピーチ・プレゼンテーションの前にウォーミングアップとして取り入れると，口や舌の動きが滑らかになり緊張も和らぐ。一語一語の口形や構音の発音練習のみならず，単語の連続性を流暢にする効果が大きい。日常の中で取り組めば，苦手な単語や発音の発見にもつながり，練習を重ねれば滑舌が向上する。

活動手順

❶「早口言葉を知っていますか。」と児童の経験を聞いて，「今日はみんなでやって上手な人を決めましょう。」と呼びかけ，エクササイズのねらいと手順を説明する。(1分)

❷早口言葉を書いた短冊を見せ，各グループが１つずつ選ぶ。各自で練習する。（２分）

①なまむぎ　なまごめ　なまたまご	②となりの客は　よく柿食う客だ
③すももも　ももも　もものうち	④青巻紙　赤巻紙　黄巻紙
⑤バナナの謎はまだ謎なのだぞ	⑥この寿司は少し酢がききすぎた

練習時に注意する基準を与え，後のジャッジに生かす。

1　大きな声で言う。	2　一語一語の発音をはっきりと言う。
3　早く次の言葉を出しながらつなぐ。	4　リズムを付けて言う。

❸各グループで発表し合い，チャンピオンを決める。（３分）

❹クラス全体の場でグループのチャンピオンが発表し，最優秀チャンピオンを挙手や投票でジャッジする。（７分）

A1　グループで２つの早口言葉を選択する。

A2　長文の早口言葉にチャレンジする。

活動のポイント

早口言葉といっても，最初はゆっくりスタートし，徐々に速くすればよい。また，短く分かりやすい早口言葉からエクササイズを始め，活動に慣れたら長文にしていけばよい。全員が同じカードでやってもよいし，グループごとに別々の言葉を課すこともできる。一覧表にしていくつか選ぶなど，いろいろなアレンジメントができ，担当学年に合わせることができる。ジャッジは，児童も「チャンピオンになったMさんは，言葉をはっきり言って油断しないで言っていたと思います。」と観点をよく理解して取り組める。

❹ アクロスティックを作って発音しよう

[CSとの関連]〔知・技〕低「(1) イ」中「(1) イ」,〔思・判・表〕低「Aウ」中「Aウ」

[準備物，教材] 下段に50音順表を入れ，各行の上に詩が書けるようにしたワークシート

指導のねらいとポイント

アクロスティックを作って発音するエクササイズである。

「acrostic アクロスティック」は，各行の最初の文字を並べると，語句や文になるようにする言葉遊びである。詩人が，アクロスティックと詩形式を統合して創造的に作ることもある。芸術家でなくとも，一般的な遊びとして単語や50音などの頭文字に沿って詩的に作り発音して楽しむことも行われている。

なお，「acronym 頭字語」と言って，頭文字をつなぎ１つの単語として発音する言葉の使い方もある。

例えば，ASAP「エイセァップ」は，「as soon as possible」（できるだけ早く）の頭文字から合成されたものでメール等で使用されている。

ここでは，50音をきっかけに詩のように児童自ら作る。それを声に出すことで楽しむようにする。

50音の一つ一つを無意味に読むのではなく，頭文字のアカサタナの行を意識し，文の中での発音力を高めることができる。50音以外にも，おもしろい単語や身近な学校名や行事等を生かすとよい。

活動手順

❶自分で詩を作って声に出して読むエクササイズをしよう。ワークシートを配って，アクロスティックの説明をする。

❷グループがアクロスティックを作り，

詩を作ってみよう！ 6班
Ⓐ青空 あいさつ あいうえお
Ⓚ書いて 学ぶよ かきくけこ
Ⓢさわやか 気持ちい さしすせそ
Ⓣ楽しい クラスだ たちつてと
Ⓝ仲間で なかよく なにぬねの

練習する。（7分）

❸クラスの前で完成した詩をグループごとに発表する。（6分）

❹自分のグループ以外で一番よかったグループに挙手で投票してジャッジメント。3位までランキングする。一番投票数が多かったグループが優勝で拍手し，そのグループだけ再び発表する。（1分）

A1 いろいろな単語をおき，その一文字一文字をもとにアクロスティックを作って音読する。

活動のポイント

「詩は発表して負けたけれど，とても班で協力できたなと思いました。」というようにグループで協力して自作の詩を音読するエネルギーが強い意欲を喚起する。作った詩をいつ読むかの目的（朝の会で全員で読もう等）を設定するとよいものを作ろうとするだろう。発表は，グループで協力し合って一音一音を大事にしながら大きな声で発表させるようにする。「詩の発表がはずかしくて，わらっておもしろかった。」このような感想からも，協力し合って楽しんでいることがよく分かる。

⑤ 単語の1文字を変えながらリレーしよう

[CSとの関連]〔知・技〕低「(1) イ，ウ，オ」中「(1) イ，ウ」，〔思・判・表〕低「Aウ」
[準備物，教材] なし

指導のねらいとポイント

単語の1文字を変え（例：リンゴの1文字を変えてリング），元の言葉と一緒に手拍子を打ちながら発音する。また，次の人が，先の言葉とは違った言葉を思い浮かべて同様に進めるエクササイズである。思い浮かべた言葉をリズムに合わせて発音することで，音声化の能力を育成する。順番が回ってきたらすぐに言葉を思い浮かべるので，語彙を広げることができる。また，ゆっくり考えてからではなく即座に反応したりすることも学ぶ。

発音する力を大事にしているので，声の大きさを大事にする。考えながらやるとどうしても声が小さくなる。また，リズムを失うことにもなるので注意したい。

活動手順

❶「1文字変えて言葉をつなごう！ゲームをやろう。」とエクササイズの説明をする。（1分）
○「リンゴ」を1文字変えて「1，2，3，はい…サンゴ」というように，手拍子に合わせてはっきりと発音する。
❷グループ（4人）に分かれて，クラスの司会団が最初の単語を提示する。各グループで一人一つずつ単語をつなぎながら，実際にやってみる。もし，低学年等で難しそうであれば，紙やホワイトボードに下書きしてから手拍子とともに発音する。一周したら，次の単語でグループの中で楽しむ。（3分）

❸各グループでやった中で，展開がおもしろかった単語例を選ぶ。
❹クラス前で各グループが発表し，単語のつなぎや発音が上手なグループをジャッジし，優勝を決める。（7分）

A1 クラスの前での発表をグループ対抗（7つのグループ）で手拍子に合わせて答えていく方法。4人のうち思いついた人が答える。思い浮かばなかったり，手拍子に合わせられなかったりした場合は次のグループに解答権が移る。答えることができたら座り，全員が座ることができたグループの勝ち。

活動のポイント

リズムよく発音するので活動はとても楽しい。「ゲームが終わっても下校時に手拍子をしてゲームの続きをするぐらい，楽しんでいました。」（教師）「このリズムから頭がぬけません。」「あまり知らない言葉もあったので，言葉を覚える勉強にもなりました。」（児童）といった感想が多い。言葉を思い浮かべるので最初は難しそうに思うかもしれないが，やり始めるとすぐに慣れて楽しくなる。最初は短い言葉でやり，徐々に単語の文字数を増やして楽しめばよいだろう。

6 これが言えたらあなたもアナウンサー

[CSとの関連]〔知・技〕低「(1) イ，ウ」中「(1) イ」，〔思・判・表〕低「Aウ」中「Aウ」

[準備物，教材] 発音しにくい言葉をまとめたプリント

指導のねらいとポイント

アナウンサーでも放送中に難しいとされる単語がある。これらの発音に挑戦するエクササイズである。発音の困難な言葉に集中して発音力を育成する。挑戦することでアナウンサーの苦労を発見し，自らの音声に関する自覚が生まれるようにする。アナウアンサーへの憧れが一層意欲を喚起する。なお，発音しにくい単語には，次のようなものがある。

「相生，肩叩き，老若男女，手術中，出場，高速増殖炉，流行病，暖かくなかった，取りざたされる，ご上京になります，貨客船の旅客，病院と美容院」など

これらの難しい音声には，促音（ッ），拗音（ャ，ュ，ョ），長音，ラ行と拗音，撥音，同音の反復，類似音の連続，同一の行の反復，能動態と受動態，敬語混じり，などが混在しているという特徴があることが分かる。

活動手順

❶「これが言えたらあなたもアナウンサー」エクササイズをしよう。

発音しにくい単語一覧（10語例）を掲示し，１回発音してみる。これらは，アナウンサーでも難しいことを知らせる。（２分）

①旅客ターミナル（りょきゃくターミナル） ②手術中（しゅじゅつちゅう） ③初出場（はつしゅつじょう） ④老若男女（ろうにゃくなんにょ） ⑤暖かく（あたたかく） ⑥火星探査車（かせいたんさしゃ） ⑦肩たたきけん（かたたたきけん） ⑧摘出手術（てきしゅつしゅじゅつ）

⑨生バナナ（なまバナナ） ⑩魔術師（まじゅつし）

❷10語から難しいなと思うもの５つの単語を選び，ランキングする。（１分）

❸各グループで声を合わせて練習する。（３分）

❹各グループがクラスの前に出て発表する。司会団（４名）が５段階審査で評価し，合計点の高いグループを勝ちとしてジャッジメント。（７分）
（審査表は，４，５と数字をメモするカード合計でもよいし，審査表にしてまとめて準備してもよい）

A1 自分たちで探した発音しにくい単語集を使ってジャッジメント。教科書や新聞などから探してカードに一覧にする。

活動のポイント

アナウンサーでも難しいものがあるということでチャレンジ精神が高まり無中になるゲームである。ランキングした後での発表なので意欲も高い。「このゲームを続ければかつぜつがよくなるのではと思いました。」「言うのがむずかしい言葉があるんだなとも思った。」と言葉の再認識が働いたり，アナウンサーがすごい職業だと感心する感想が多かった。１回では，すぐには発音できなくても，このような認識を踏まえて，繰り返しエクササイズをすると上手になって自信が付き，大きな声で発音できるようになるだろう。

7 同音異義語・同訓異義語ゲーム

[CS との関連]〔知・技〕低「(1) イ」中「(1) イ」,〔思・判・表〕低「Aウ」中「Aウ」
[準備物，教材] 同音異義語・同訓異義語を交えた例文カード

指導のねらいとポイント

同音異義語（「立つ」と「絶つ」），同訓異義語（「聞く，聴く，効く，利く」）などを例文にまとめ，発音するとアクセントや意味が変化することを楽しむエクササイズである。アクセントを意識することによって一音一音の正確な発音をしたり，さらには，文脈をもつ例文の中で各地の方言を踏まえた一つ一つの単語の発音を考える音声化の能力を育成する。なお，アクセントの位置は地域によって違うので，各地の方言に従って発音すればよしとする。共通語の発音が可能であればそれらにもチャレンジするとよい。

活動手順

❶次の例文をアクセントに気を付けて発音するエクササイズをしよう。

〔同音・同訓異義語を交えた例文例〕
・飴を買ったら，雨が降ってきた。
・熱い食べ物は，暑い日の方がおいしい。
・計時係が掲示した。
・意志が弱くて石につまずいた。
・夏季は火気に注意。
・園長さんは，今日も話を延長した。
・校長は今日も好調だ。
・咳をするならこの席でしてください。
・旅は好きなので度々行きます。

・二時に虹を見た。
・二時に二児を連れた母親を見た。
・橋の端はこわい。
・箸を持って橋を渡る。
・虫は無視して歩くのがいい。
など

❷黒板に「雨」と「飴」の絵カードを貼る。ペアーでどちらを発音したか，交互に当てる。（2分）
❸「飴（あめ）を買（か）ったら，雨が降ってきた。」のカードを貼る。
❹全員で発音する。一文に2つ出てきたらどう感じるか話し合う。（1分）
❺黒板掲示かプリントで8文例を見せて，各自が発音する。（1分）
❻4人グループの前で交互に発表し，練習する。（3分）
❼グループごとにクラスの前に出てくる。1人ずつ文例1つを発音する。そのたびにクラス全員でジャッジする。
ジャッジは，全員が赤カードと青カードの2枚を持ち，発音がよいと思えば青カード，よくないと思えば赤カードを出す。終了すれば次のグループに替わる。（7分）
❽最後に全員で声を合わせて発音する。（1分）
A1 例文を作って発表し，ジャッジする。

活動のポイント

正確であるかのジャッジメントは難しい面もあるが，児童は，「漢字が違っても同じ読み方を作るのがすごい。」「アクセントゲームはとても楽しかった。」と感想を書いている。重要なのは，発音やアクセントの変化が意味と関わっていることを感じ取ることである。方言を大切にし，共通語と関連付けて考えると指導が深まる。

8 繰り返しのある言葉（畳語）を集めて発音しよう

[CSとの関連]〔知・技〕低「(1) ア，イ，ウ」中「(1) イ」，〔思・判・表〕低「Aウ」

[準備物，教材] 畳語例を書き込み，児童が書けるようにしたワークシート

指導のねらいとポイント

発音するときに注意しなければならないのは，単語にもいろいろな種類があることである。ここでは，「山々，だんだん」などの畳語（同じ語を繰り返した言葉＝複合語，合成語）を集めて発音するエクササイズをする。畳語は，意味機能的にも種類があり発音に気を付ける必要がある。「人々，国々」などは複数，「だんだん，たびたび」などは継続・反復，「どんどん，ますます」などは意味の強調，擬音語・擬態語（オノマトペア）などを示し，それぞれの発音に注意しなければならない。また，反復構成になっているのでリズムが生まれるという特徴があるから，そのことにも注意する。畳語という単語の種類があることに気付かせるとともに，単語構成に注目して意図的に発音することで，リズム感や発音力を育成する。

〔辞書によく取り上げられる畳語例〕

○オノマトペア：ガタガタ，ごろごろ，キラキラ，ザワザワ，ぐんぐん
○複数：日々，村々，星々，我々，神々
○強調：どんどん，ますます，まるまる，津津浦浦，みるみる
○継続・反復：だんだん，たびたび
○副詞的：時々，ほのぼの，たまたま，はやばや，知らず知らず，よくよく

活動手順

❶畳語例を提示し，「同じ音を繰り返している」などの共通点を考える。（２分）

❷与えられた畳語例（10語）をもとに，グループで思い付いた10語を選び，読みやすいものから難しいもの順，おもしろい順など，適当な順序に整理する。（２分）

❸グループで声を合わせて練習する。（４分）

❹クラスの前でグループごとに発表する。作った内容と発音をもとにジャッジする。（４分）

活動のポイント

言葉そのものを知っていても，畳語という言葉で呼ばれることは知らない。最も身近なものがオノマトペアであろうが，他にもたくさんある。児童も「身近に畳語がたくさんあることが分かりました。」という感想が最も多かった。これらの単語構成を理解し，発音にも注意をし，物語文や説明文の音読に生かしたい。

9 やまびこさんと話そう

[CS との関連]〔知・技〕低「(1) イ，ウ」中「(1) イ」，〔思・判・表〕低「Aウ」
[準備物，教材] 音声化する言葉集，ホワイトボード，衝立など

さあ出かけよう	…………	…………
…………	…………	…………
…………	…………	…………

ひろしは，ものおとにおどろいてふりかえりました。 …………。…………… …………………………

※音声化する表現は，単語，挨拶，物語文・説明文の一部など。カード形式や本文をプリントして配布してもよい。

指導のねらいとポイント

大きな声を出すことを主眼とするエクササイズである。声の出し方として大きさが重要であることは理解しているが，どうしても面前にいる聞き手に対しては油断してしまうこともある。また，学年が進行すると，聞き手への恥ずかしさやパブリックな場面への萎縮などが働き，大きな声が出なくなることも多い。そこで，発音する表現の練習をした後，相互の距離を保つ場面設定をし，声を出さなければいけないようにする。それらによって大きな声と明瞭な発音ができるような能力を育成する。

音声化する表現は，単語，挨拶，物語文・説明文の一部など短いものから長いものまで可能である。活動時間が長い場合には，1小節ぐらいの長さでもよい。

活動手順

❶一人一人が口を大きく開けて，はっきりと相手に聞こえるようになろうというねらいを説明し，発音する表現一覧表を配布する。（１分）

❷１～３班と４～６班で２つのグループに分かれる。（１分）
（名簿順，座席順，生活班等）

❸各グループで読む箇所を分担して数回練習する。（４分）

❹クラスの前で２つのグループがペアになって，間に衝立状のもの（ホワイトボードや本棚を挟んでもよい，カーテン状のもの）を隔てて声が聞こえるように交互に立って発音する。審判団がジャッジメント。（７分）

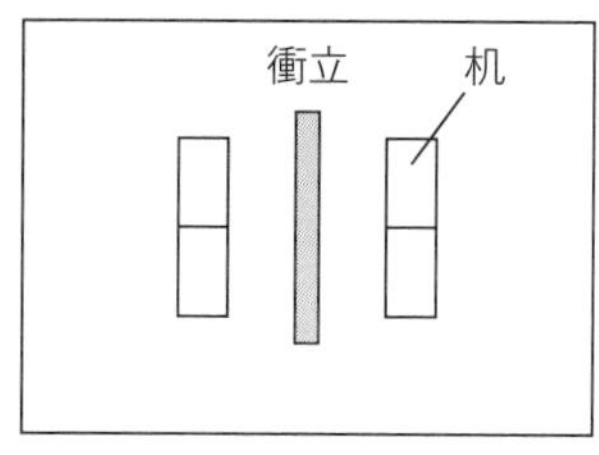

A1　早口言葉，しりとり言葉，いろは歌など本文を工夫する。

A2　発音練習の方法として，他のグループの発音を引き取ってやまびこのように交替する。

活動のポイント

通常よりも大きく距離を取り，見えない相手にも聞こえるように声を出すという設定なので，自然に声が出るように工夫するようになる。児童は，「どうぞ。」と声かけをしたり，相手の声が聞こえないときには，「もう一度言ってください。」と言ったりしながら，衝立の向こうの相手を意識して練習していた。「その後，授業中の発表の声も少し大きくなった。」と報告がある。短い本文でもよいので，繰り返し練習すると一層効果を期待できる。

⑩ 登場人物で交替して役割読みをしよう

[CSとの関連]〔知・技〕低「(1) イ」中「(1) イ」,〔思・判・表〕低「Aウ」中「Aウ」

[準備物,教材] 役割読みをする物語本文の一部を載せたワークシート(会話文が3～4人分あり,あまり児童が読んでいないもの)

指導のねらいとポイント

音読するとき,登場人物に合わせて各自が担当する役割をもって読むと,物語の構造や表現の工夫をよく理解するとともに,場面に合わせた音読力を向上させることができる。このような音読方法を活用し,一定の長さの文脈を与え,グループで協力し合って発表しジャッジするエクササイズである。登場人物に合わせて音読する音読力を育成する。登場人物が行動し,お互いに関わりながら物語を展開させていく。このような構造を強く自覚して音読方法を工夫するようにする。

活動手順

❶教師が発音する物語の一節を絵本や教科書から選んで配布する。「会話文だけを役割を決めて音読するエクササイズをしよう。」と呼びかけ,エクササイズのねらいと手順を説明する。地の文は,会話文の意味が分かる程度に音読する。(2分)

❷グループで音読する教材を選ぶ。グループ内で登場人物の役割を決める。物語の構造を理解する。(2分)

❸グループ内で声を合わせて,数回役割読みの練習をする。(3分)

❹クラスの前でグループごとに発表する。内容と発音をもとにジャッジする。よい場合は青の紙を,不十分な場合は赤の紙を挙げる。司会が集計する。他の児童は用紙に記録する。(7分)

1　ジャッジメントの結果を書きましょう。自分の班（はん）の番号に○をつけましょう。

班	青（よい）	赤
1		
2		
3		
4		
5		
6		
7		
8		
9		
10		

A1　発音する物語を絵本や教科書から選び，グループごとに発表する。

活動のポイント

短い場面で登場人物の様子を捉えるのは難しいかもしれないが，「それぞれの班は同じ物語を読んでいるのに，読み方や声の出し方が全然ちがうことがすごくおどろきました。いろいろな班の音読が聞けて楽しかったです。」「そのまますべて読むのではなく，会話しているところの感じがよく出ていて，聞いていて楽しかった。自分だけ一人で読んでいるより興味深かった。」と感想を書いているように，児童も役割読みの効果は十分感じている。

読む物語や文脈を会話文が多く，相互関係が分かりやすい作品を選ぶことで，易しくすることができる。人物像と登場場面をつないで理解し，声の大きさ，速さ，間，イントネーション，声質などに反映させてジャッジするとよい。ジャッジは厳密でなくてもよいので，その場面の様子がよく分かるようであればよしと考えるように指導する。

⓫ 物語の読みたいところだけで勝負

[CSとの関連]〔知・技〕低「(1) イ，ク」中「(1) イ，ク」，〔思・判・表〕低「Aウ」中「Aウ」

[準備物，教材] 本文の中から選択する部分が分かるようにしたワークシート

指導のねらいとポイント

物語を読むとき，冒頭部だけを読む，終結部だけを読む，物語の会話文だけを読む，情景描写だけを読む，地の文だけを読むなど，作品の部分に注目して読み，それらがどのように工夫されているのかを音読を通して実感するエクササイズである。物語の特徴に沿って読む箇所を決め，特徴を実感したり，表現のおもしろさに気付かせ，音読力を育成する。物語は，通常複雑な要素を組み合わせ，読者に様々な仕掛けで働きかけてくる。それらの要素を選び，焦点化することで作品のよさや執筆した作者の特徴や文体を感じ取ることができる。会話描写や情景描写が巧みな作家がいるといった認識は児童にはないので，物語の一部を活用してそのよさを発見するようにする。

活動手順

❶「物語の中から読みたい部分を決めて読み，楽しさを発見しよう」というエクササイズの説明をする。「終わりに上手な発表をしているグループを決めましょう。」（１分）

❷物語の冒頭部分だけを集めたワークシートを配る。物語の冒頭部を読み，時・場所・人物の紹介・状況の設定の３つに色分けしてマーキングする。（３分）

❸どのグループがどの物語を担当して読むかを決める。グループ内で時・場所・人物の紹介のどの部分を誰が読むのか役割を決め，声を合わせて音読練習を数回する。（３分）

❹クラスの前でグループごとに発表する。内容と発音の観点でグループで話し合い，１点・２点・３点の得点カードをグループの代表者が挙げてジャッジする。（８分）

A1 行動描写，情景描写，会話描写などに特化して音読する。

A2 １つの作品の情景描写のみを読み続ける。

活動のポイント

既習の物語や読んだことのある絵本を題材にすると，時間の短縮や理解が速い。ジャッジの仕方は，冒頭場面をよく理解しているか，音読の観点から見てよいかを判定基準とする。あまり時間をかけないことを考えて簡単な方法で行うことも可能である。焦点化したことで「冒頭部にどのようなことが書かれているか音読したことで区別して分かったのでよかったです。」と書いているように，音読による実感が得られている。

違う作品の同じ構造の部分を取り上げているので，他のグループの発表を聞いていると発見も多い。ここでは，物語を取り上げてエクササイズを構想したが，説明文でも冒頭部だけとか，説明部分の事例の挙げ方などの特徴に深く気付くこともできるので挑戦してもよい。

⑫ 同じ台詞を演じ分けてみよう

[CS との関連]〔知・技〕低「(1) イ，ク」中「(1) イ，ク」，〔思・判・表〕低「Aウ」中「Aウ」

[準備物，教材] 1～2文の会話と場面を書いたワークシート

指導のねらいとポイント

「え？　あなたが！　本当？」といったように，物語の会話部分や日常の中で会話しそうな対話部分の中から1～2文を切り取って，これらを汎用させて場面に合わせて声の質を変えて発言する（音読する）エクササイズである。音声化や音読の基本の能力には，声の大きさ，速さ，間，明瞭さなどが取り上げられる。それらを総合するのが「声の質」である。声質を強く意識化させ，話す力に発展するように音読力を上げるのがねらいとなる。

活動手順

❶「同じ会話でも，場面や人物が変わると声や話し方，気持ちも変わるので，表現が変わってきます。その場になりきって言えるかどうかチャレンジしてみよう。」と呼びかけ，エクササイズのねらいと手順を説明する。（1分）

❷〔会話と場面の例〕を配布し，好きな状況の音読を各自で選んで読む。（2分）

〔会話と場面の例〕

①「え？　あなたが？　まさか。」
…100点を取ったと言った子どもにお母さんが

②「え？　あなたが？　まさか。」
…自分の夫が真犯人だと知った妻が

③「え？　あなたが？　まさか。」
…先輩に「実は自分は○○国の王子だ。」と言われた学生
④「明日は雨が降るでしょう。」
…ニュースキャスターのように
⑤「明日は雨が降るでしょう。」
…次の日が運動会なのに先生がみんなに延期の知らせ

❸グループで相談して発表するところを２つ決め，１つの会話を２人が分担して発表することにして練習する。（４分）

❹クラスの前でグループごとに発表してジャッジする。聞き手の班（発表した班以外）は，ホワイトボードに審査点数を書く。1，2，３点で各グループの点数をグループで相談して決める。最終的に優秀なグループを決める。どれだけ場面に合わせて声が出せているか，声は大きく出ているかなどを基準にジャッジする。(８分)

A1　いろいろな場面例と会話を変えて発表する。
A2　会話を長くしてやりとりする。

活動のポイント

場面に応じた声の質をどれだけ出せるかを中心に活動するが，そのためにも，基本となる声の大小，強弱，高低，間の長さなどを大事にする。「本当みたいになりきって言っている人がいて感心した。」「友達の意外な一面が見られてよかった。○○さんがあんなにおもしろいなんて。」といった感想が見られる。普段おとなしい児童が，意外な才能を発揮し恥ずかしがらずに言うことが見られたりもする。これは場面に応じて「なりきる」ということが効果を発揮するからであろう。できる限り具体的な場面設定を行い，効果が出るように工夫したい。

⑬ 内容を伝えることに重点化するアナウンサー

[CSとの関連]〔知・技〕低「(1) イ，ウ，カ，キ，ク」中「(1) イ，カ，キ」高「(1) ケ」，〔思・判・表〕低「Aウ」中「Aウ」

[準備物，教材] 教科書や科学読み物から大体30秒程度（150字～200字）で読み終えられる長さの説明文（話し言葉の原稿なので「です・ます体」のもの）

指導のねらいとポイント

書かれた内容を伝えることに重きを置くパブリックな伝え方を経験するエクササイズである。アナウンサーのように感情を強く移入しないことが大きな特徴である。聞き手が内容を受け取りやすく，受け取ったものについて自由に考えやすくすることがねらいとなる。聞き手をよく見て顔の表情や視線に気を付けて話す。また，談話全体の構成が分かりやすくなるように声の強調をおいたり，一文一文の主語・述語の関係，修飾・被修飾の関係，つなぎ言葉などが耳に残るように工夫する。単語の発音の明瞭性も一層求められるので，声の大きさ，発音，速さ，間の取り方などに気を付ける。

活動手順

❶「書かれた内容をアナウンサーのように分かりやすく伝えられるようになろう，そして上手な人をジャッジして選ぼう。」と説明をする。

感情移入をしない，全体構成が伝わるように意識する，一文一文の主語・述語の関係，修飾・被修飾の関係，つなぎ言葉などが耳に残るように工夫する，単語の発音を明瞭にする，声の大きさ，発音，速さ，間の取り方などに注意することを知らせる。（学年に応じて重要なものを提示する）（1分）

❷教科書や科学読み物から大体30秒程度で読み終えられる長さの説明文（話し言葉の原稿として「です・ます体」）を用意し，配布する。グループは

４～５人編成に分け，各自が原稿を下読みし，音読記号を付け，個人で練習する。（３分）

❸各グループでの発表とジャッジをして上手な人を挙手で選びましょう。（５分）

❹各グループの代表者が出てきてクラス全体でアナウンスしましょう。ジャッジは，どのグループが一番かを投票用紙に書き，投票箱に入れます。では一番のグループを発表します。（５分）

活動のポイント

アナウンサーのように，という明確な目標，実際にニュースを読むアナウンサーになりきるという設定，自分たちでジャッジする喜びなどが効果を上げ，「児童の反応がとてもよかった。」（教師）と報告があるように，楽しくかつ意欲的・積極的に活動する。大事なのは「アナウンサーのように」が学年に応じて児童によく伝わるようにポイントを示すことである。これは，ジャッジメントの評価基準にもなる。明確になると，児童が，「間の取り方を工夫したり，大切なところを強調したりしました。」「上手な人は，みんなの方を向いて，はきはきと読んでいて分かりやすかったです。」と書いたように，エクササイズの趣旨をよく理解して取り組むことができる。

時間の調整のためにグループ内の代表を１人ジャッジし，代表選を行うという形式にしている。グループ内でのジャッジは，「一斉に！」を合図に自分以外のメンバーを指し示すなどが考えられる。代表発表では，本当のニュースの雰囲気を出すため，前に出し，カウントダウンと〈キュー〉を出すと盛り上がる。

14 登場人物に感情移入して俳優・声優読み

[CSとの関連]〔知・技〕低「(1) イ，ウ，ク」中「(1) イ，カ，ク」高「(1) ケ」，〔思・判・表〕低「Aウ，Cエ」中「Aウ，Cエ」高「Aウ，Cエ」

[準備物，教材] 教科書や物語集から大体30秒程度（150字～200字）で読み終えられる長さの物語文（会話部分が生きている文脈）

指導のねらいとポイント

俳優・声優が音読するように，感情移入して表情豊かに音読するエクササイズである。物語世界を豊かに想像，再現する音読力を育成する。音読の基盤となる口形，大きさ，速さ，間などに加え，いかに物語の構成を理解するかが鍵となる。音読教材が短文なので，朗読ほど本格的でなくともよい。最も重要なのが，登場人物についてである。登場人物を具体的に想像し，特徴付けて音読し，聞き手が同様に想像できるように工夫する。

〔俳優読みの手順〕

①取り上げる登場人物を決め，役割，境遇，性格等から人物像を理解する。
②構成上の展開や場面を具体化してイメージをもつ。
③行動，人物相互の関係，会話，気持ちや心情を理解する。
④地の文を参考にしながら，声の出し方や声の質に反映させて音読する。
⑤各自で練習した後，通し読みをして分担した人との声のつながりを考える。他の人からどのように聞こえているかをお互いに知らせ合う。
⑥リハーサルをする。
⑦本番で役割読みをする。

活動手順

❶「物語の様子がよく伝わるように，俳優や声優のように，感情を込めて『俳優読み』をしてみましょう。グループごとに発表会をして，どのグループが一番かみんなでジャッジします。」と呼びかけ，エクササイズのねらいと手順を説明する。場面に合わせて分担している人物の声の大きさ，発音，速さ，間の取り方などに注意して登場人物になりきることが大切であることを知らせる。（学年に応じて重要なものを提示する）（１分）

❷教科書や物語集から大体30秒程度で読み終えられる長さの物語を用意し，配布する。グループは４～５人編成に分け，各自が原稿を下読みし，音読記号を付け，個人で練習する。（３分）

❸各グループでの発表とジャッジをして上手な人を挙手で選ぶ。（５分）

❹各グループの代表者が出てきてクラス全体で俳優読みをする。ジャッジは，挙手で決める。では一番のグループを発表します。（５分）

A1 俳優のように詩の朗読をする。

A2 説明文を俳優・声優のように朗読する。

活動のポイント

映画やドラマの俳優や声優になりきるという設定や，自分たちでジャッジするというところが意欲につながるので本当らしく設定する。発表では，監督のようにカウントダウンと，「アクション！」のかけ声をかけるのもよい。「自分が自分でなく，他の人になりきることが楽しい。」と書いている児童がいたほどである。物語は，役割分担は台詞だけにし，状況の把握のために地の文を残したものをワークシートとして配布するとよい。人物像を考えるのには，「自分の担当する人物はどのような人物かを考えましょう。」「地の文も参考にしましょう。」と指示を出し，時間内に収めるようにする。

15 おたがいに声をかけ合う詩を読もう

[CSとの関連]〔知・技〕低「(1) イ，ウ，ク」中「(1) イ，カ，ク」，〔思・判・表〕低「Aウ，Cエ」中「Aウ，Cエ」高「Aウ，Cエ」

[準備物，教材] 対話型になっている詩本文を掲載した教材

指導のねらいとポイント

詩形式の一つとして，「呼びかけと応答 call-response」形式になっているものがある。あるいは，2人以上の人物が出てきて対話 dialogue しながら進行する形式のものもある。このような形式の詩を読み，音読力を高めるエクササイズである。

「言葉遊び詩」の中には対話形式のものがある。また，一般的な詩の中にも活用されている。読み方は，対話型の詩形式になっているものを「一対一のコミュニケーション one-on-one communication」が成立するように，心を込めて音読するようにする。一人が訴えれば，次の一人がそれに呼応して思いを届けるように音読するように工夫する。また，登場人物への「なりきり」を重視して音読したり，ジャッジするようにする。これらを通して音読力を育成する。

活動手順

❶詩の音読の経験を思い出す。「今日は，2人が対話するような詩を音読することを説明し，上手に読める人をみんなで決めましょう。」とエクササイズに入る。（1分）

❷詩教材を配布する。詩を読み，詩の中の登場人物を整理する。そこからペアで役割を決める。（2分）

❸役割をもとにペアで音読記号を打ち，音読の工夫を考える。音読記号をもとに練習をする。（2分）

❹グループの中で２人ずつ発表をし，優れた２人を選ぶ。（４分）

❺クラスの前でグループの中から選ばれた２人が発表する。最も上手なグループを，「よりなりきっていること」と音読力から拍手で決める。（６分）

A1 各グループで違う詩を読み，発表してジャッジメントする。

活動のポイント

詩は，やりとりが交互にあるような形式のものを選び，リズムよく音読できるようにする。「役割を決めて読むのは楽しかったです。」と児童が言うように，交互に音読する明確な役割があるのですぐに作品に入り込むことができる。声の大きさ，速さ，間などに加え，表情や声の質にも気を付けるようにすると深まる。対話型なので２人の距離を広く取るとともに，ステージと聴衆を離し，音読がパブリックになるようにする。姿勢や動作も音読に合わせて大きく動いてもよい。対話型の詩を音読するのが初めてだと十分な声が出ないこともあるが，継続して取り組むことによって上達する。詩を変えて，繰り返しエクササイズするとよい。

16 紙芝居を演じよう

[CSとの関連]〔知・技〕低「(1) イ，ウ，ク」中「(1) イ，カ，ク」高「(1) ケ」，〔思・判・表〕低「Aウ，Cエ」中「Aウ，Cエ」高「Aウ，Cエ」

[準備物，教材] グループの数に合わせた紙芝居（同じ紙芝居でやる場合とグループで違う作品をやる場合とで準備する紙芝居を変える）

指導のねらいとポイント

紙芝居の語り手となって語るエクササイズである。語り手と登場人物を演じることで音読力を育成する。通常，語り手は１人で行う。ここでは，協力し合って演じるようにする。紙芝居は，お話の読み聞かせ教材として活用されているが，幼児期での活用が多い。小学校では図書館や一部の教師に限られるという傾向がある。紙芝居の意義を考えると活用が望まれる。

紙芝居は，絵本と同様に絵と文章の２つのテクストを統合するとともに，絵本以上にそこにいる聴衆と一体となってお話が展開することに特徴がある。聞き手が一緒になって，声を上げ，身体で反応する。聞き手の参加によって進行するのが紙芝居である。絵本では「めくる」というモンタージュによって想像性が刺激される。

紙芝居では見せながら抜く，同時に次の画面の一部を見せるという操作をしながら，児童と声を合わせたり，予想したり，展開の結果をおもしろがったりすることで語り手と聞き手が一体となる。このような特長を生かしながら，演じることによって，また参加することによって音読への意識を高めることをねらいとする。

活動手順

❶「役割を決め，紙芝居をして楽しもう。」とエクササイズのねらいと手順を説明する。（１分）

❷教師が示した短い紙芝居をグループで１つ選ぶ。登場人物の役割を決め，下読みする。（３分）
❸各グループで練習する。（３分）
❹クラスの前でグループごとに発表する。上手なグループを決める。

〔ジャッジの観点〕
○その人になりきって読んだか。
○気持ちを考えて読んだか。
○みんなに聞こえるような声で読んでいたか。
○はきはきとした発音だったか。

４点でジャッジする。内容と発音をそれぞれで２点，１点，０点で挙手をして，合計がグループの点数とし，１位を決める。（８分）

A1 同じ紙芝居を演じて，グループのうまさをジャッジする。

活動のポイント

紙芝居の物語には，紙芝居用に作られた単純で短い構成のものから，元々物語として作られ，定評のある優れた作品をリライトしたものがある。年齢に合うものを選び，準備するとよい。ジャッジは，児童が「その人になりきってみんなに聞きやすく話が伝わるように工夫して1位をめざしてがんばりました。気持ちをこめ，声の大きさ，はきはきと，がんばりました。」と言っているように，よく理解している。学年に応じて簡単にしてもよいし，音読の観点を入れて難しくすることもできる。協力し合って行うことのよさが「みんなのおかげで，最後まで自信をもって言えました。」といった感想からも読み取れる。

17 物語を覚えて音読するストーリーテリング

[CSとの関連]〔知・技〕低「(1) イ，ウ，ク」中「(1) イ，カ，ク」高「(1) ケ」，〔思・判・表〕低「Aウ，Cエ」中「Aウ，Cエ」高「Aウ，Cエ」

[準備物，教材] 短い物語や昔話，または，短い物語のダイジェスト版（当該学年の時間内でできる長さ），物語の一部のみのプリント（作品は絵本形式または物語集から）

指導のねらいとポイント

短い物語や昔話，または，短い物語のダイジェスト版（絵本形式や物語形式），物語の一部の本文を暗記し，語って聞かせるストーリーテリングをするエクササイズである。読み聞かせとストーリーテリングの違いは，本文を暗記するかどうかである。短い物語か，あらすじ，一部分にすることで覚えやすくし，語る喜びを与え，音読力を育成する。ストーリーテリング本文は，物語をシナリオ形式で書き換えて耳で聞いて分かりやすい言葉にしたり，短くしたり，膨らませたり，言い換えたりすることもできる。

〔覚えるときの手順〕
①せりふをはっきり相手に聞こえるように大きな声を出す。
②はじめは棒読み（感情を付けずに）でもよいから，何度も繰り返す。
③人物の姿や様子を想像して役を作る。お父さんの役なら声が低いとか，子どもなら何歳ぐらいか，などを考える。
④場面ごとの人物の関係をよく理解する。
⑤気持ちに合わせて語る。
⑥動きを付けると覚えやすく話しやすい。
⑦せりふとせりふの間，時間の過ぎる間，速さ，などを考える。

活動手順

❶みんなが知っている昔話ということで「ももたろう」のお話を思い出す。「お話を覚えてみんなの前で発表しましょう。」とエクササイズの説明をする。（1分）

❷教師が示した短い昔話や物語のダイジェスト版（当該学年の時間内でできる長さ）を下読みする。グループの中で登場人物の役割を分担する。（3分）

❸個人で暗記し，グループの中で練習する。省略したり，膨らませたりして，言い換えたりして語ってもよいことを知らせる。（3分）

❹暗記するのに個人差が大きいので暗記できたグループから前に出てストーリーテリングをする。上手なグループを挙手（パーとグー）で決める。（8分）

A1 1人でストーリーテリングするために，グループ内で発表してジャッジする。

活動のポイント

短い時間で覚えるのが難しいため，準備する物語の長さに配慮が必要となる。学年に応じて調節する。あらすじに重要な会話が入っている程度の長さにしてもよい。語ることそのものを重視する。グループで挑戦することもできれば，1人で挑戦することもできるというふうに柔軟にし，楽しむとよい。絵を見せると語りやすい場合は，絵を見せながらでもよい。

児童は，クラスの前で語るとき，本文がないので堂々と語ることができることに気付き，音読力を高められたことを喜んでいる。短くても覚えて語ることを大事にしたい。

18 内容に応じて声や表情を変えて話そう

[CSとの関連]〔知・技〕低「(1) イ，ウ，ク」中「(1) イ，カ，ク」高「(1) ケ」，〔思・判・表〕低「Aウ，Cエ」中「Aウ，Cエ」高「Aウ，Cエ」

[準備物，教材] 話すための原稿（script）と音読記号を書き込めるワークシート

指導のねらいとポイント

原稿の内容や場面に応じて声の質や表情を変え，視聴者によく伝わるように話すエクササイズである。アナウンサーがニュースを放送するときに最も困るのが，内容に応じて声の質や表情を次々に変えて話すことであるという。放送には，報道，天気，コラム等と目的や様式が異なる原稿が含まれている。一般的にも，このように使い分けて音読したり，話したりすることがある。内容や場面に応じて適切に音読する能力を育成する。内容がよく伝わるようにするために，次のような点に注意したり，ジャッジする。

〔ポイントとジャッジの基準〕
○正確に読む。
○声を張ってメリハリを付ける。
○内容に合わせて速度を変える。
○聞き手が考える間を取る。
○原稿を見たり聞き手を見たり，顔を上げ下げする視線を適切にする。
○内容に合わせて顔の表情を変える（こまったな，かなしい，つらい，きびしい，さみしい，よろこばしい，気持ちがあたたかくなる，ワクワクする，どきどきする）
○落ち着いて読んだり，楽しそうに読んだり，場面に合わせる。

活動手順

❶「内容に応じて声や表情を変える音読ゲームをしよう。」とエクササイズのねらいと手順を説明する。（1分）
❷短いニュース原稿と学年に応じて絞ったポイントが書いたワークシートを配布する。下読みし，グループで読むものを決める。（1分）
❸個人で練習した後，グループで発表し合い，上手な人をジャッジする。「自分がどのような読み方」をするか，グループの人に伝えてから音読する。聞いている人は，①とてもよい，②よい，③伝わらないのどれかのジャッジをする。友達のジャッジを聞いて，人数を書く。（5分）

〔ワークシート例〕

①（読み方が）とてもよい	②（読み方が）よい	③（読み方が）伝わらない
人	人	人

❹グループの代表がクラスの前で発表し，一番上手な人を挙手でジャッジする。（8分）

A1 いろいろな内容の原稿から選んで各グループが違う音読をする。

活動のポイント

原稿が難しそうに感じるかもしれないが，「最初，この文章をもらったときに，これはむずかしいなっと思ったけど，読んだら簡単だったのですらすら読めました。」と書いているように，ゲームが始まればすぐに取り組める。「伝わらない」というジャッジもはっきりと示しているので，この点からも取り組みやすい。実際らしく「ニュースウォッチ4はん」と言ったりすると一層よいだろう。

1 お話サイコロの目に合わせて話をしよう

[CS との関連]〔知・技〕低「(1) イ，カ，ク」中「(1) イ，カ，ク」，〔思・判・表〕低「Aア，イ，ウ」中「Aア，イ，ウ」高「Aア」

[準備物，教材] 話すテーマが書いてあるお話サイコロまたは６枚のカード

指導のねらいとポイント

身近な経験をもとに話すテーマが書いてあるサイコロ（ダイス）を振ったり，カードを引いたりして，それを見てすぐに話し始めるエクササイズである。お話サイコロ（＝カードでもよい）の目には，「最近やったこと」「友達に伝えたいこと」「好きな運動会の種目は」「楽しかったこと」「信じてもらえないふしぎな話」「今まででー番楽しかったこと」「初めて食べたものでびっくりしたもの」など，日常生活，教科やクラブなどの学校生活，家庭生活，友達等の人間関係，などの話題を入れる。主に経験したことや見聞きしたことを取り上げ，即座に１分間スピーチをすることを多く重ねることで「話すこと」の能力を高めることをねらいとする。

活動手順

❶「サイコロを振って出てきた言葉に応じたお話を１分間でスピーチして上手になろう。」とエクササイズの説明をする。さいころの６面に次の項目を貼り付ける。（子どもと相談して決めてもよい）（１分）

・信じてもらえないふしぎなこと　・最近したこと
・好きなスポーツ　・友達に伝えたいこと
・初めて食べたものでびっくりしたもの
・今まででー番楽しかったこと　など

❷グループ内（４人グループ）でタイマーで計って１分間スピーチを交互にする。お話サイコロを振って，話題を決める。即興で話し始める。途中でつまったり，「えーと」と言ったりしたら×とする。１分間話し続けたら，１点とする。さらに，出来映え点をＡ－３点，Ｂ－２点，Ｃ－１点で追加し合計する。個人でもっとも上手な人を決める。（６分）

❸一人１回担当したら，さらにサイコロを振って継続する。（５分）

A1 ツリー図のように１つ話すと下位のテーマに移りながら話を重ねる。

A2 話す時間を２分間，３分間と延長して交替する。

活動のポイント

「ゲームをする前は簡単だと思っていたが，実際はとても大変だった。次に話すことが思い浮かばないので，びっくりした。みんなの話を聞けておもしろかった。」このように児童が思うように，同じ目が出ると難しくなる。だからこそ，上手にしたいと思い一層意欲が高まっていく。「１分間話し続けることは難しかったけど，４人全員できた。」この時間設定を変えながら，話す能力を高めていくこともできる。

テーマから即興で話すことについては，「テーマが出たらすぐに考えて話す。」「話しながら考える。」「話しているうちにだんだん思い出してくる。」と取材すると児童は答えている。学年に応じて題材を工夫すれば話しやすいだろう。

② 2文を1文に，1文を2文に書き換えよう

[CSとの関連]〔知・技〕低「(1) イ，カ，ク」中「(1) イ，カ，ク」，〔思・判・表〕低「Aア，イ，ウ」中「Aア，イ，ウ」高「Aア」

[準備物，教材] 対象学年の教科書の説明文から，数行分を選定し，その中の1・2文を決定し，書き換えるための欄が入ったワークシート

指導のねらいとポイント

書き言葉をもとにして，話し言葉のようにその場で2文を1文に短くしたり，1文を2文に長くしたりするエクササイズである。場に合わせて即座に話すことが求められたときの記述力を育成する。国による「全国学力・学習状況調査」でもこのようなパラフレイズする記述力に課題があることは判明している。話し言葉では，その場に合わせた内容を即座に決めて話す内容を調節する能力が要求される。必要に応じて短くしたり（要約力），長くしたり（豊かな表現力）して場に合う原稿に書き換えて話す力を育成する。長短によって相手に分かりにくくならないように工夫することも求められる。

〔パラフレイズの基準〕

①場面に合わせて短くしたり，長くしたりすることができるようになる。

例：○補足的な前提，事情などの省略・追加，修飾語句を削除または追加する。 ○具体例や数値などの省略または追加する。 ○同義語・類義的表現は避ける。 ○周知の事実は省略したり略語にする。 ○省略や略語を原語通りに戻す。 ○長文を短文にする。 ○曖昧な表現を書き換える。 ○主語・述語，接続語，指示語を明確にする。など

②聞き手が分かりにくくならないように工夫することができる。

例：○段落や文の接続を滑らかにする。 ○「である体」と「です・

ます体」を混ぜない。 ○文末に「○○しました」のような同じ形式を繰り返さない。 ○話し言葉と書き言葉を混ぜない。 ○主語と述語がねじれない。 ○修飾語と被修飾語を近づける。 ○説明不足を補う。 ○「～たり，～たり」を対応させる。 ○長文にしない。 ○読点や助詞を適切に使う。 ○中止法（～し，～し，～）を繰り返さない。 など

活動手順

❶「今日は，２文を１文に書き換えて，分かりやすく話すことができるかを競います。パーソナルワークで書き換え，話す練習をします。その後，グループ内で発表し合い，誰の書き換えた話が一番よいかジャッジしてください。」と呼びかけ，エクササイズのねらいと手順を説明する。（１分）
❷プリントを配布する。教師が示した短い文章の部分の２文を１文に書き換える。２カ所書き換え，話して分かりやすいか考える。〔パラフレイズの基準〕のポイントをいくつか知らせる。（５分）
❸書き換えたものを話す練習をする。（２分）
❹グループ内で発表し合う。内容・話し方で全員でジャッジする。（７分）

A1　１文を２文に書き換えて，分かりやすく話す。

活動のポイント

パラフレイズは，表現内容を変えずに文法的な視点をもって相手に合わせて理解しやすいようにするので難しい面もある。児童が「文と文をつなげることで，ものすごく変わるんだなと思いました。」と気付くように，書き換えることでいろいろな発見があり効果的である。基準を伝え，エクササイズを繰り返して能力を高めるようにするとよい。

③ 話し言葉らしい原稿にしよう

[CSとの関連]〔知・技〕低・中・高「(1) イ, キ」,〔思・判・表〕低・中・高「Aイ, ウ」

[準備物, 教材] 対象学年の教科書の説明文を取り上げ, 30秒原稿150字（3～4文）程度を選定し, 話し言葉原稿の特徴とともにプリントにする。

指導のねらいとポイント

話すための原稿は, 書き言葉のように下書きすることが多い。実際に話す前には, 話し言葉らしい表現に直さなければならない。そこで, 書き言葉の文章の一部を用いて, 話し言葉の特徴がよく出ている原稿に書き換えるエクササイズをする。話し言葉を自覚的に使用する能力を高める。話し言葉らしくするためのジャッジメントに必要なものとして次のような内容から学年に応じ, 限定して取り上げるとよい。

①一文を短くする。(平均30字程度)
②同じ主語・述語, 同じ文型が連続しないようにする。
③同音異義語など紛らわしい言葉を避ける。
④文章全体を「はじめ－中－おわり」の３つにはっきり分ける。
⑤簡単なものから難しいものへと順序付ける。
⑥事実と考えを分けて話す。
⑦相手に合わせて, 詳しくしたり, 簡単にしたりして使い分ける。
⑧提案や意見の訳をはっきりと示す。
⑨大事なことを繰り返す。
⑩相手に合わせて分かりやすい言葉を使う。
⑪例を挙げたり, 図や写真を見せたり, 実際にやったりする。
⑫相手に話しかけるように, 質問したり, 疑問を引き取って話す。

活動手順

❶「話し言葉らしい原稿が書けるようになろうゲームでエクササイズをしよう。」と呼びかけ，ねらいと手順を説明する。（１分）
❷対象学年の教科書の説明文を取り上げ，30秒原稿150字（３～４文）程度を選定する。話し言葉原稿の特徴とともにプリントにする。特徴（学年に応じて５～８箇条）を復習してから書き換える。（２分）
❸ワークシートを使ってグループで書き換える。（４分）
❹グループで話す練習をしながらさらに工夫する。（２分）
❺クラスの前で各グループが書き換えた原稿で発表をする。合計点でジャッジする。（６分）

〔ジャッジ〕
①ポイントの中からいくつ使って書き換えているか，②書き換えた内容，について，３点，２点，１点のカードを挙げ，合計点でジャッジ。

A1 15秒間75字２文程度の原稿を書く。話し言葉にするとしたらどのように書き換えるか考える。

A2 個人で１分間300字原稿を話し言葉に書き換える。クラスで優れた原稿と発表をジャッジメント。

活動のポイント

書き換えは，全体構成にわたったり，一文全体を書き換えたりすることもある。低学年対象だったり，書き換えが難しかったりする場合は，文末や特徴のある言葉だけを書き換えてもよい。音読記号を付けるような活動と同様に考え，部分的になったとしても，話し言葉の特徴を理解したり，強く意識したりすることにつながれば，このエクササイズの有効性が高まる。

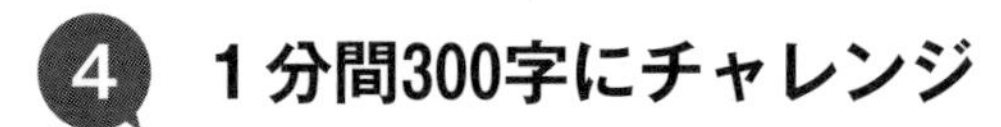

4 1分間300字にチャレンジ

[CSとの関連]〔知・技〕低・中・高「(1)イ，キ」，〔思・判・表〕低・中・高「Aイ，ウ」

[準備物，教材] 教科書や読み物（物語文，説明文どちらでもよい）から350字程度の本文を貼り付け，スラッシュが入れられるようにしたワークシート

指導のねらいとポイント

話し言葉と書き言葉の違いの一つに文の長さがある。書き言葉は目で追うことができるので，長くできる。話し言葉は音声で聞くので，長くなると聞き取りにくくなる。それに伴って，話す速さも重要となる。1分間スピーチなら平均300字程度の速度がよいと一般的に言われている。アナウンサーもこの速度を重視してニュースを読む。そこで，1分間300字にチャレンジするエクササイズをする。教科書本文や読み物（物語文，説明文どちらも可能）を活用し，速度が正確かを見る。話す速度を強く意識しながら発表する能力を育成するのがねらいとなる。本文に15秒ごとにスラッシュ（「／」）を入れること，実際に発表することで自覚を高めるようにする。エクササイズで時間感覚を鋭くし，時計を見ないでも話せるようにし，話す力や音読力につなぐ。

活動手順

❶「1分間300字にチャレンジゲームでエクササイズをしよう。」と呼びかける。話す速度を大事にしながら発表し，正確さでチャンピオンを決める手順を説明する。（1分）

❷教科書あるいは読み物（物語文，説明文どちらでもよい）から350字程度の本文を選び，スラッシュが入れられるようにしたワークシートを配布する。（1分）

❸字数を計算してスラッシュを入れる。司会団が1分間を計り，全員で読ん

でみる。（２分）

❹グループで相互に発表して，誰が一番１分間に近いのか決める。（５分）

❺グループの代表が１名ずつ読んで，１分間に近い順に学級のチャンピオンを決める。（６分）

A1 グループ対抗にしてクラスで発表してジャッジメントする。

活動のポイント

既習教材を使えば，下読みが不要となり時間の節約にもなる。学年によっては，読むこと自体が難しいこともあるから，文章を易しくしたり，下読みを複数回にすることもできるだろう。なお，最初からスラッシュを入れておいてもよい。ジャッジの方法として，時間に合わせる以外にも，内容的に間違いがないかどうかも評価に入れることもできる。ここでは，読み間違いはあまり重視せず，時間調節を優先して活動するようにする。

実態としては，全体的に速く読む児童が多い。このエクササイズで速さを強く意識することの大切さを感じ取れるように繰り返すとよい。活動自体は，「おもしろいので，誰がこのゲームを作ったのか。」という質問が出るほど楽しく感じているので，繰り返しは全く気にならないだろう。

速さは，語句に注意するとともに，句読点の間を調節することが重要となる。文脈を考慮しながら，適切な間を取る練習を重ねると音読力が上がる。「キャスターのように読んでみよう。」と話しかけて，ディレクターを立て，ニュースを時間に合わせて読む形式にしても楽しいだろう。

5 お話飛び石ゲーム

[CS との関連]〔知・技〕低・中・高「(1) イ，カ」，〔思・判・表〕低・中・高「Aア，イ」
[準備物，教材]「お話カード」(話すテーマと順序のための番号)

指導のねらいとポイント

飛び石を飛ぶように，次の話し手は，先に話す話し手が何を話すか知らない状態で終わった瞬間に自分が元々考えていた内容とつなぐというエクササイズである。論理性や関連性を保つ談話構成力を育成する。一定の準備があるものの，それらしくつなぐのはかなりのエネルギーと構成力及び記述力が要求される。話し手も聞き手も緊張感をもちながら楽しむことができる。各人の話が段落に該当し，全体のテーマから逸脱しないように談話全体の構成を緊密に保とうとすることで，話し言葉独自の構成力を向上させられる。

活動手順

❶「スピーチゲームをします。最初に『お話カード』(話す内容と順序のための番号)を引いて，自分のスピーチのテーマを決めます。テーマに合わせて，200字程度（４～５文）のスピーチを考えます。スピーチは，リレーで行います。前に話した友達のスピーチにつなげて自分のスピーチをします。１つのお話のようにつなげることができたグループが勝ちです。」とエクササイズのねらいと手順を説明する。(１分)
❷各グループごとに人数分のカードを封筒に入れ，その中から各自がカードを取る。各自が内容を200字程度考える。(２分)

〔カードテーマ例〕
「旅行」「音楽会」「運動会」「遠足」などの経験したこと

❸各グループで一人が話し，次の人がその内容と自分の内容とを結び付けながら班員全員が話して終わる。（４分）

❹クラスの前で各グループが発表して，上手なグループを挙手でジャッジする。つなぎ方，各自の話のまとまり，音声面などからジャッジする。（８分）

A1 各グループで違う内容のテーマカードを用いて発表会をする。

活動のポイント

元々考えていた内容と先の話し手の内容をアドリブで話すことは，「前の人が話しているとき，ずっとどうやってつなごうかと考えていた。」というように難しさも感じるはずである。しかし，だからこそ構成力と関連付ける思考力がより先鋭に問われて高まることが期待されるのである。難しかったが，「今度はいつするの？」と尋ねる児童も多くあり，再チャレンジしたいという意欲が高かった。

低学年などでは，話す内容を短くしたり，ワークシートにアウトラインをメモしたりしてもよい。内容的には，つなぎ言葉で関連付けて，各自の話がまとまっていれば高得点に考えるようにして，あとは「考えながら話す」ことで声が小さくなったりしなかったかなどを評価するとよい。

❻ 絵や写真を見て話そう

[CSとの関連]〔知・技〕低・中・高「(1) イ, カ」,〔思・判・表〕低・中・高「Aア, イ」
[準備物, 教材] 見てすぐに内容が分かり, 話しやすい絵や写真ワークシート

指導のねらいとポイント

絵や写真を見て, 自分が話す内容を考えるエクササイズである。提示された絵や写真から1分以内に話し始めることで話題設定力を高めることをねらいとする。話題設定の着想力や談話構成力が向上させられる。見た後, 考える手順は次のようになる。

○最初に決定するのは, 文章様式である。説明文か, 経験報告文か, 紹介文かなどを決めると話しやすい。
○5文程度の構成を考える。

〔例〕はじめの言葉を工夫する。→その理由か, 話題の説明を補う。→絵や写真の説明をする。→関連する例や経験, エピソードを挙げる。→終わりの言葉でかっこうよく締めくくる。

活動手順

❶「絵や写真を見て自分でお話を考えよう。」と呼びかけ, エクササイズの説明をする。お話は短いものでよいこと, 見た後1分以内でエクササイズが始まること, グループの上手な人を選ぶことなどの手順を説明する。(教師による実例を話すこともできたらよい)(2分)

❷絵カードや写真集(運動会等の学校行事や, オンラインで得られる著作権フリーの写真風景や人物等)の中からグループで1枚取る。各自が内容を5文程度構想してメモをする。1分以内に話し始める。(3分)

❸グループで１人が話す，相互評価をする，次の人が話す，を繰り返し，全員が終了した時点で各自の点を合計して上手な人を決める。次のような観点でジャッジする。（４つ程度に絞って考える）（７分）

〔ジャッジ〕
①話の構成　②原因や理由の述べ方　③例の挙げ方
④分かりやすさ　⑤聞き手に話しかけるような表現の工夫
⑥声の大きさ，速さ，間，視線などの音声面

❹クラスの前で２人が発表する。（３分）

A1 グループで練習し，クラスで発表後，上手なグループをジャッジメント。

活動のポイント

選んだ絵や写真から急に思い浮かべるのは難しがる面もあるが，５文程度にまとめればよいと伝えることで意欲的に取り組んでいた。話したいことが，説明文か，経験報告文か，紹介文かなどの文章様式を先に決めるように促すことで話しやすくなる。

「ぼくは，５文で文章をまとめたことがなかった。はじめは，どういうふうに5文でまとめたらいいのか分からなかった。書いてみると，５文ですっきりまとまった。」このように自らの経験から発見があることがエクササイズの有効な点である。「またやりたい。」と言っていることも，うなずけるところである。「３文しか話せなかった。」と言う児童もいたが，このように短くてもよい。「これからも書けていなかったから発表しないではなくて，ちゃんと自分の考えをもち，自分から発表するようにしたい。」と考えたりするので，エクササイズを繰り返すことで向上していけばよいと考えるようにする。

7 話す内容の視点を転換して話そう

[CSとの関連]〔知・技〕低・中・高「(1) イ，カ，キ」，〔思・判・表〕低・中・高「Aア，イ，ウ」

[準備物，教材] 視点転換をする物語文のワークシート

指導のねらいとポイント

話す内容について自分の立場や視点を自覚的に運用できるように，視点を転換して話すエクササイズである。相手意識（主体分析）を高めたり，物語文なら叙述力，説明文なら立場を一層自覚した記述と説明力を高めることになる。どちらも，書き換えるとともに，話すように（語るように）書き換える要素が含まれている。ただ，このエクササイズでは，視点や立場が変わったことで一文レベルで主語・述語・修飾語などの表現が書き換えられたら十分として取り組む。

物語文では，語り手が誰の立場から語るか中心人物を決める（視点の対象となる人）。主人公の登場人物から副主人公の視点に変えたりする。次に，一人称視点か，三人称視点かを決める。中心人物の行動に沿って，地の文と会話文を書き換えていく。行動に伴って，主語や文末が変わるとともに，他の人との関わり方や気持ちも変わるので合わせて書き換えていく。情景などもできる範囲で書き換えてもよい。

説明文では，「です・ます体」を「だ・である体」に書き換える，聞き手を低学年や初心者，家族の人や地域の人に変えて書き換える，図鑑や百科辞典のような書き方から調べている人（研究者）が観察や実験しながら説明しているように書き換える，その逆に，調べながら説明しているものを図鑑や百科事典のように書き換えるなどの可能性がある。このように，視点の転換は，いかに書き手が文章を構築するのかを体感する機会となる。

活動手順

❶「物語文で語っている語り手が変わったらどうなるか，書き換えることにチャレンジしよう。」と呼びかけ，エクササイズのねらいと手順を説明する。（１分）

❷教科書，その他の資料の物語文から数行を選んでプリントにする。各自配布された文章を読む。視点を変える設定でどう書き換えるかを決める。（３分）

❸物語文を書き換える。（５分）

❹書き換えたものをグループ内で順番に発表する。上手に書き換えているか（２・３点の観点を決める）でジャッジする。（６分）

A1　説明文を書き換えて発表する。

活動のポイント

　物語文にしろ，説明文にしろ，原文をもとにどのような目的や視点，立場かを明確に決めれば書き換えやすい。書き換える視点や立場を決めると，実際に書き換える叙述部分が決まってくるので，それらに合わせて，いくつかお互いの評価をする箇所を決めるとジャッジがしやすい。

❽ 聞き手を変えて話してみよう

[CSとの関連]〔知・技〕低・中・高「(1) イ，カ，キ」，〔思・判・表〕低・中・高「Aア，イ，ウ」

[準備物，教材] 話すためのメモを取るワークシート

指導のねらいとポイント

同じ原稿を用いて，聞き手を変えることで内容や話し方を変えるエクササイズである。相手意識と談話構成が深く関わっていることを実感しながら話す能力を高める。自分が話すための原稿を，低年齢の友達，高学年の人，保護者や地域の人に話すなど聞き手に応じて変えることを決める。相手の立場を決める過程で，自分の立場や目的も大きく書き換えてもよい。記者になったり，キャスターになったりするのである。聞き手の立場や理解度などから叙述を易しくする，内容の密度を詳しくする，簡単にすることになる。相手に呼びかけたり，問いかけたりする積極性が，強く出たり，客観的な態度で弱く出たりすることにもなる。（詳細な観点は，「❸話し言葉らしい原稿にしよう」参照）

活動手順

❶「同じ内容を伝えるにも，相手によって話し方が変わります。どのように変わるのか経験してみましょう。」とエクササイズの説明をする。（1分）

❷自分が最近経験したことを友達に話すためのメモを箇条書きで書く。（3分）

❸テーマが書いてあるカードを引く。（友達，家族，地域の人，先生，などの相手を書いたカード）自分が引いた相手に応じた話し方を考える。（3分）

❹グループの前で，誰が相手か説明してから各自が発表する。相手に応じた

話し方として，内容面が合っているか，声の出し方はよいか，などを3，2，1点のカードを一斉に挙げてジャッジする。（8分）

A1 相手を指名されたらすぐに話し方を変える。
A2 相手を告げずに発表して誰に話しているかを当てる。

活動のポイント

話す内容の場面は，限定しておくとすぐに話すことが浮かぶだろうし，メモが取りやすい。また，引くカードの相手は，場面に応じて具体的に書いておくと一層話しやすいだろう。「人によって話し方を変えるのは，難しかったけど，練習ができてよかった。」「話し方を変えることで，相手にいやな思いをさせないですむことが分かった。」「知らない大人の人に話すのが，一番難しかった。」「外で話すとき，気をつけようと思った。」このように児童が感想を書いているように，相手に合わせて話す変更の難しさとともに，エクササイズによる気付きやこれからへの意欲につながっていることもあって，効果的であることが分かる。場面設定を変えて繰り返したり，誰に話しているかを友達に当ててもらったりすると楽しさが増す。

⑨ 目の前の動きを実況中継しよう

[CSとの関連]〔知・技〕低・中・高「(1) イ，オ」，〔思・判・表〕低・中・高「Aイ，ウ」
[準備物，教材] ジャッジ表

❶とてもよい	❷（実況が）ふつう	❸「とてもよい」3点，「ふつう」1点
人	人	合計＿＿＿＿＿＿点

指導のねらいとポイント

人の前で話をするとき，物事を分析して記述・説明することと，経験や感じたことをエピソードなどを通して語ることの２つの表現力が必要となる。ここでは，ある場面で実際に活動をしている様子を中継するエクササイズをする。すぐに話す内容を決めたり，それを描写したりする能力を高めることをねらいとする。中継方法としては，「同じものを見ながら伝える実況－テレビ型」「見ていない人に伝える実況－ラジオ型」の２つが可能である。ラジオ型では，聞いている人に分かるように多くを伝える。テレビ型では見ていてもあえて語ることと，見ているのだから省くこととを区別する必要がある。語るためには，次のようなことを考える必要がある。

○主な人を決める。　○分かる範囲で状況を説明する。
○周辺の情景も入れる。　○行動している様子を描く。
○言いそうな会話を入れる。　○気持ちの変化があれば伝える。
○区切りを示しながら結末へつなぐ。

活動手順

❶２人の児童が前に出る。大きな紙に場面を書いておき，１人の児童に見せる（場面は，絵や写真を説明したキャプションで構成している。野球で，打ったボールがファウルか，ホームランかのシーンなど）。紙を見た児童が，ある場面の様子を実演する。もう一人の児童が，その様子を中継する。このように，ある場面の活動を実況中継するゲームでエクササイズをするねらいと手順を説明する。（２分）

❷８人グループに分かれ，その中で２人組になり，「同じものを見ながら伝える実況ーテレビ型」をするために，ジェスチャー（どんな動きをするか）を考える。〔例〕算数の問題が解けずに困っている。電話をかける。バス停で待っている。など（２分）

❸２人組のうち，１人がジェスチャーをし，もう一人がそれを実況する。（１分）

❹ジェスチャー役と実況役を交代して，もう一人の人が実況する。（１分）実況を聞いている残り６人は，実況した人について，①とてもよい，②ふつう，のどちらかでジャッジをする。人数を表に書く。ジャッジは，語っている内容と声の出し方を見て決める。（２分）

❺他の２人組の中継を見てジャッジをする。（１組２分×３組＝６分）

❻合計点で実況中継チャンピオンを決める。（２分）

A1 「見ていない人に伝える実況ーラジオ型」をする。

活動のポイント

実況は正確でなくとも，聞いている人がよく伝わるように感じたり，場面に応じた実況であればそれでよいとする。テレビ型の方が易しいので，先に提案したが，ラジオ型だと想像できるので一層楽しいと感じている児童も多かった。時間を見て２つの方法を活用するとよいだろう。

⑩ 考えの原因・理由・根拠を追加しよう

[CS との関連]〔知・技〕低・中・高「(1) イ，オ，カ，(2) ア」，〔思・判・表〕低・中・高「Aア，イ，ウ」

[準備物，教材] 意見や提案とその原因・理由・根拠を書くワークシート

指導のねらいとポイント

自分の考えの原因・理由・根拠となる事実や経験，知識，情報，根拠，証拠等を活用しながら理由を追加していくエクササイズである。意見や提案などの考えを述べる場合には，必ず原因・理由・根拠が必要である。分かりやすい，論理的，説得的などに不可欠な談話構成力を育成する。

原因と結果の因果関係のように直接的な場合もある。多くの理由付けは，事実，経験やエピソード，証拠，科学的知識，法的根拠，証明など多くの可能性を検討し，複合的に総合する必要がある。ここでは，３つ程度の事項を関連付けるエクササイズをする。

活動手順

❶「意見を言うときに，理由がないと相手を納得させることができないですね。今日は，理由を上手に言えているかどうかをお友達とジャッジし合うゲームをしましょう。」と呼びかけ，エクササイズのねらいと手順を説明する。（２分）

❷生活の中の問題について，意見や提案を決め，理由を３つ考える。（３分）

〔例〕本を読むとよい。
→①賢くなる。
→②漢字が覚えられる。
→③物語がよく分かるようになる。

❸４人グループに分かれ，考えと理由をグループ内で発表する。それを班員が理由の妥当性や有効性からジャッジする。
ジャッジは，理由が３つあること，それらが関連付けられていること，妥当性や有効性が感じられること，発表が大きな声ではっきり分かること，などに基づいて挙手で行う。３人が３点，２点をもち，カードで示し，合計する。（７分）

A1 文章や資料の中の考えのもととなっている原因・理由・根拠を見つけて，それらと違ったことを考えて発表する。

A2 文章や資料の中の考えのもととなっている原因・理由・根拠に対して疑問点・問題点を考えて発表する。

活動のポイント

理由となる事柄には，多くの可能性があるので，観点を明確にしながら浮かぶ理由をメモして整理するようにさせる。小さな事実のみならず，まとまった経験などを付けることもできる。バブルチャートやフイッシュボーンなどのシンキングチャートを用いて，浮かびやすくすることも有効だ。

お互いの理由付けについては，妥当性や有効性を判定するのが難しい場合もあるが，発表者の提案や意見と一体となった理由が納得できたらその場で採点して合計するようにする。「みんなの意見を聞いて自分の意見を振り返ることができてよかったです。」「同じ意見でもみんな理由が違ったのでおもしろかったです。」「いろいろな視点から理由を言えてよかったです。」と効果を感じている児童も多くいた。繰り返すことによって論理性が高められるであろう。

11 人や物を紹介しよう

[CSとの関連]〔知・技〕低・中・高「(1) イ，カ」，〔思・判・表〕低・中・高「Aア，イ，ウ」

[準備物，教材] 人物，事物，施設，文化，歴史等，内容とカードと紹介ワークシート

指導のねらいとポイント

人物，事物，施設，文化，歴史等，内容とカードに観点を示しておいて，それらから主なものを選んで紹介するエクササイズである。いきなり提示された内容に応じて即座に紹介する力を育成することをねらいとする。紹介の主な構成は，次の通りである。

〔紹介のアウトライン〕
①紹介の冒頭ー紹介するという意志の表明文の冒頭を話す。
②紹介物を提示する。
③説明するー魅力や素晴らしさ，性質 / 特色 / 特徴等，機能性や有効性，紹介する理由等を説明する。紹介物によっては実物や図表，写真，絵を見せたり，実演等を行う。
④締めくくりの言葉ー見てほしい，話してほしい，訪ねてほしいと訴える。
⑤お礼ー紹介を聞いてもらって「ありがとうございました」のお礼の言葉を言う。

活動手順

❶「カードを引くと事物か施設を選ぶようになっています。それをもとに自分が紹介するものを考えてクラスの前で紹介し合って上手な人を決めまし

ょう。」と呼びかけ，エクササイズのねらいと手順を説明する。（2分）

❷グループで1枚カードを引く。各自が何を紹介するかを，構成表を書いたワークシートをもとにアウトライン法で具体化する。（4分）

❸グループ内で紹介文を発表し，ジャッジしてチャンピオンを決める。ジャッジは，紹介の構成が分かりやすい，具体的でイメージしやすい，声が大きくよく伝わるように話している，などをもとに青色カード（よい）と黄色カード（ふつう）の枚数で決める。（8分）

A1 グループで紹介文を協同して作成し，クラスで一番上手なチャンピオングループを決める。

A2 カードに写真があり，それをすぐにグループで紹介文をメモし，クラスで一番上手なチャンピオングループを決める。

活動のポイント

紹介のアウトラインは簡単だが，特徴を整理するのが難しい面もある。題材によって，定義，成分，仲間・種類，形態，生態，構造，原因・理由，根拠，働き，効果，変遷・歴史，経緯など，できる限り具体的に考えるように指導する。

短い時間内で紹介することを求められるので，発表の声が中途半端になることも考えられる。音声化の基本となる，姿勢・大きさ・速さ・間などをよく意識させるようにする。また，紹介なので自分の思いが少しでも入るように特色を強調するようにする。児童は，「とてもおもしろいと思った。3分間でアウトラインを書かなくてはならないからおもしろかった。写真を見ただけで，スピーチが言えるようになりたい。」「チャンピオンに選ばれた人のスピーチを聞くと，特徴など聞き手の心に残るような言い方をしていた。みんなに伝わりやすいようにスピーチを書くのがおもしろかった。」と意欲を高めていることがよく分かる。

⑫ 地図を見ながら道案内

[CSとの関連]〔知・技〕低・中・高「(1) イ，キ」，〔思・判・表〕低・中・高「Aア，イ，ウ」

[準備物，教材] 案内のための地図とメモワークシート

指導のねらいとポイント

学校内の部屋や施設，駅や公共施設，地域の施設などへの行き方を道案内するエクササイズである。地図などを示しながら道案内する能力を育成する。道案内は，児童にも機会があるし，英語でも言語活動として取り上げられることが多い。案内するためには，次のようなことに留意する。

○相手の目的に応じる。
○地図上の位置を示す。
○徒歩か，乗り物かのどちらがよいか示す。
○ランドマークを用いる。
○必要な時間を告げる。
○行き方として直線か曲がるか，東西南北は，何回あるかを明確に伝える。
○話す途中及び終了後，説明を理解したかの確認をする。
○お礼を言われたとき「どういたしまして」と言う。
○「気を付けて」という送る言葉をかける。
○大きな声ではっきりと，相手を見ながら聞こえるようにする。
○簡潔に短い時間内に話す。

活動手順

❶「学校に訪問してきた人を校内の地図を見せながら案内するエクササイズ

をしよう。」と呼びかけ，ねらいと手順を説明する。（１分）

❷４人グループで，２人組になり，Ａチームとチームに分かれる。それぞれ，訪ねてきた人と案内する役割に分かれる。２グループでペアグループになる。地図を見て話す内容を打ち合わせる。（２分）

❸第１グループのＡチームが実際に質問と道案内（１分）をする。ペアチーム４人がジャッジする。次に，Ｂチームが実演してジャッジする。（５分）

あんないするためのわかりやすい言葉を使っていたか。 （じゅん番を表す言葉・めじるし・方角など）	３・２・１
はっきりとした話し方をしていたか。	３・２・１
相手に合わせてあんないをしていたか。	３・２・１
時間内にさいごまであんないできたか。	３・２・１
合　計	点

❹第２グループのＡチームが実際に質問と案内をする。ペアチーム４人がジャッジする。次に，Ｂチームが実演して，ジャッジする。（５分）

Ａ1　学校近くの地図に従って，道案内をする。

活動のポイント

児童は，「これからも困っている人がいたら，助けてあげたい。」「このゲームは経験することがいっぱいでした。」と学びが多いことが分かる。日常的な場面ではあるが，いざやるとなると容易ではない。反復する機会がもてると上達するとともに，積極的にもなるだろう。

13 自分の感想を言おう

[CSとの関連]〔知・技〕低・中「(1) イ」低・中・高「(1) オ，(2) ア」，〔思・判・表〕低・中・高「Aア，イ，ウ」

[準備物，教材] 感想を求めるための世界遺産など有名な場所の写真（自然遺産・建物・街の写真），料理の写真，動物の親子の写真や絵など

指導のねらいとポイント

世界遺産など有名な場所の写真（自然遺産・建物・街の写真），料理の写真，動物の親子の写真や絵など施設の写真や絵カード（動植物）を見て感想を言うエクササイズである。見たものから自分の感想を明確に伝える感想力を高めることをねらいとする。感想をもつことは，自分の考えを確かにする最も重要なものである。読書感想文などにも広がり，対象の評価力とともに，感想を伝える感想語彙・評価語彙を豊かにし，分析や解釈の能力を高めることにつながる。感想は，対象との関わりから妥当な内容を構想し，聞き手に分かりやすく伝える理由や構成をする，感想語彙を豊かに用いる，明確にかつ説得的にするために他者との違いを強調して伝えるなどを考慮しなければならない。

活動手順

❶「感想やコメントの名人になるために，感想（一人30秒以内）を話す力を伸ばすエクササイズをしよう。」と呼びかけ，ねらいと手順を説明する。感想語彙を豊かにするため，「すごい。」などの簡単な言葉を使わないように指示する。（1分）

❷4人グループになり，各自が写真や絵を見て感想を言う準備をする。（2分）

❸グループ内で１人ずつ感想を言う。残り３人がジャッジする。交替して４人全員のジャッジをし，グループチャンピオンを決める。（５分）

〔ジャッジ〕
①説明や理由など写真や絵から見てよく考えている…１点
②感想の言葉を豊かに使いこなしている…１点
③大きな声でよく伝えている…１点
（考えながら「えーと。」と言ったりしない）

❹グループチャンピオンがクラスの前で発表する。（６分）

A1　グループ内でいろいろな写真や絵を見せられても，１分以内にすぐに感想を言ってジャッジする。

活動のポイント

「感想を言い合うだけで楽しかったのでふしぎでした。」と児童が書いているように，感想を伝え合うことは，お互いの感じ方の違いを知ることになり楽しい活動となる。ただし，「30秒間はとても短かった」と感じるので，要点を押さえて話す力が求められる。取り上げた対象を先に言うか，感想や評価を先に言うかを決めると話しやすくなる。対象から刺激され，分析や解釈を生かして感じたことを，いつも使うような「すごい」などの言葉を使わず，自分の言葉として独自に工夫して伝えるようにすることを大事にしたい。感想を述べたら必ず理由付けをする。写真や絵に理由となる事実や工夫がある場合もあれば，今までの自分の知識や経験，他の人の意見などが理由付けとなることもある。

14 作り方や食べ方，使い方等の説明ゲーム

[CSとの関連] 〔知・技〕低・中・高「(1) イ，オ，キ」，〔思・判・表〕低・中・高「Aア，イ，ウ」

[準備物，教材] 食べ物カードとワークシート

指導のねらいとポイント

おもちゃの作り方，食べ物の食べ方，道具の使い方，仕事の手順など，作り方や食べ方，使い方などの説明をするエクササイズである。順序を考え，説明のために，実物を見せる，実際にやって見せる，実演する，行動で示すなど実証的な手法を用いながら話す能力を育成する。「demonstration speech」とも言われるものである。目的に応じた手順，事柄の活動や生起の順序等，順序に基づいて展開するのに合わせて説明し，聞き手に分かりやすく，印象深く話すことが求められる。

活動手順

❶遊び方や道具の使い方，食べ物の食べ方，仕事の手順などからテーマを1つ選び，順序を考えて話す説明名人になるためのエクササイズと手順を説明する。（2分）

○5人ずつで各チームを作り，チーム番号を割り振る。総チームをAグループとBグループの2つに分ける。Aグループが発表するときはBグループが審判団になる。ジャッジが終了したら，AグループとBグループが交替する。審判団は，協議して一番上手に伝えることができたチームをチーム番号で示す。

〔ジャッジ〕
①順序がよく分かる言葉を用いている。

②聞き手が実際にできるように分かりやすく話している。
③声が大きい，強調すべきところをはっきりさせている。

❷３種類の写真や絵のカードをチーム数，机上に置き，各チームが選ぶ。チームでどのように発表するか作戦を立てる。（３分）

❸Ａグループから発表し，ジャッジする。（各チーム30秒～１分間程度，児童数や学年に合わせる）（５分）
❹次に，Ｂグループが発表し，ジャッジする。（５分）

A1 個人でグループ内で準備したことを発表し，ジャッジする。

活動のポイント

順序よく話すことは，対象の特徴を詳しく知ることから始まる。時間を変える場合には，調べたり構成メモを準備したりすることも必要となる。ここではエクササイズとして短時間に打ち合わせ，聞き手に伝わるように話し始めることになる。したがって，「はじめてでうまくできなかったけど」と感想を述べているのもうなずける。ただ，これらにつないで「みんなときょう力してできたのでよかったです。」と言っているように，助け合うことによって短時間での取り組みに成果があることが分かる。実際，「どのチームも短い時間に集中して話し合い，順序よく説明しようと考えていました。」と教師が総括していた通りである。対象の何を順序性の基準として考えるかをよく検討させ，それが分かるように言葉選びをして伝えるように支援するとよいだろう。児童からも「次はいつするの？」という声が上がっている。継続して実践していくことによって定着が望めるだろう。

⑮ 問題提起文を作って発表しよう

[CSとの関連]〔知・技〕低・中・高「(1) ア，イ，カ」，〔思・判・表〕低・中・高「Aア，イ」

[準備物，教材] 当該学年または前学年の教科書の説明文を活用して，短い冒頭部分をプリントにしたもの（問題提起は含めない）を２つ準備し，問題的文を書くことができるようにしたワークシート

本文 ………………
〔といかけ（問題提起文（もんだいていきぶん））〕

指導のねらいとポイント

話題設定をするためには，前提となる事実や現実・現象，知識，情報から何が課題となるのかを発見する能力が必要となる。できる限り，課題を見いだし，その中から本文で展開することを決め結論に導く。ここでは，説明文を利用し，そこに書かれた前提をもとに，多くの課題発見をした上で聞き手に伝える問題提起文を作るエクササイズをする。課題を発見することや聞き手に明確に伝えるために，「導入 introduction」に問題提起文を位置付ける能力を育成することがねらいとなる。

〔説明文の冒頭の構造〕

①前提となる事実，現実，知識，情報などを示す。
（読者にとって，前提が既知か未知かで展開が違う。未知の場合，一定の知識を与え，その後問題提起をする）
②問題となる切り返しの逆説の事実や意見を示す。
③これらを前提に問題提起すべき視点を決定し，問題提起文として示す。

（問題提起は，前提から掘り起こすことで多様な可能性をひらく。児童が作った問題提起と筆者のを比べることで冒頭部の構造を理解する）

活動手順

❶黒板に「問題提起文をたくさん作ろうゲームをしよう。」と課題を書き，エクササイズのねらいと手順を説明する。例として，既習の教材から違った問題提起を見せる。（クラスの前で児童に作らせる方法もある）（２分）以下の２つの観点の合計点で競う。

〔ジャッジ〕
①問題提起文を多く作る…３点
②前提からふさわしい内容となっている…２点

❷プリントにしたもの（問題提起は含めない）を２つ準備し，どちらかをグループで選ぶ。各自で読み，問題提起文を考える。（５分）
❸グループの中で各自が発表する。他の３人が点数を付ける。（８分）

A1 同じ前提から，グループ内ですぐに問題提起を発表していく。

活動のポイント

文章に書いてあることを対象化し，主体的に自分で書くことなので楽しく取り組む。難しい児童には，書き換えた例示を多く見せて，理解を図るようにする。書いていくと「あっ，こんなのもあるんだ。」と発見していたので，継続してエクササイズを行えば課題設定力が向上するだろう。

16 自分の考えをはっきりさせて発表しよう

[CS との関連] 〔知・技〕低・中・高「(1) イ，オ，キ」,〔思・判・表〕低・中・高「Aア，イ，ウ」

[準備物，教材] 教科書や資料から，冒頭部と筆者の意見を述べた部分を選び，プリントに貼り付けた自分の考えを書く欄があるワークシート

指導のねらいとポイント

まとまった話をするためには，文章を含む多様な資料を読み込んで自分の考えをまとめる必要がある。ここでは，事実や情報ではなく，得られた資料に書かれている筆者の意見に対する考えをはっきりさせて話すエクササイズをする。ある話題について，筆者の意見を知り，自分はどのように考えるか考えを巡らす。賛成が強いか，同じようだけど部分的に違う考えもある，もっと違うことも考えられる，などの反応を整理し，考えをまとめる能力を育成する。資料を読んで，すぐに自分の考えを発表しなければならないということにおいて，話し言葉の特徴に応じる能力を高めることができる。なお，低学年等では簡単な内容の意見でもよい。

活動手順

❶「書いた人の意見を読んで，自分の考えをまとめるエクササイズをしよう。」と呼びかけ，ねらいと手順の説明をする。文章を読んでグループで考えをまとめ発表し，よい意見かどうかジャッジする。（1分）

❷教科書や資料から，冒頭部と筆者の意見を述べた部分を選び，プリントに貼り付けたワークシートを配布する。各自が自分の意見をまとめる。（3分）

❸グループで考えを一つにまとめる。（5分）

❹グループの考えをクラスの前で発表し，各グループごとにジャッジし，最

も意見がまとまっているチャンピオングループを決める。（6分）

〔ジャッジ〕
①筆者の意見を踏まえているか…２点
②筆者と違う意見を出しているか…２点
③グループの考えがまとまっているか…２点
④大きな声で言いたいことが分かるように伝えているか…２点

A1 個人で自分の考えをまとめ，グループ内で発表する。

活動のポイント

設定された話題について，自分の考えをまとまった意見として述べるのは難しい。そこで，話し手や筆者の意見を参考にしながら自分の考えをまとめるエクササイズが有効となる。ここでは，意見を述べてもらって反応することには時間がかかることを考慮し，書かれたものをもとにまとめることにした。どうしても筆者と同じ意見になりがちになるので，違った意見をもつことが尊いことを教え，その方法を指導することが重要である。

違った意見をもつには，いろいろな観点から検討しその結果をまとめることになる。児童も，「意見に対していいところや悪いところを言ったり，考えたり，聞いたり，言ったり，いろんな力がつきました。おもしろいところもあったのでよかったです。」「人それぞれなのだなと思いました。」など，考えを巡らしたことが意味をもつことに気付いている。また，自分が考えたことが「人に説明しても分からなければだめだと分かりました。」としている。自分の考えを分かりやすく説明できなければ不十分であることにも気付いている。

⑰ かっこよく調査リポートをしよう

[CS との関連] 〔知・技〕低・中・高「(1) イ，オ，カ」，〔思・判・表〕低・中・高「Aア，イ，ウ」

[準備物，教材] リポートをするときのためのメモワークシート

指導のねらいとポイント

調査や活動を報告するとき，報告書の形式をただなぞるだけでは手渡したハンドアウトを音読するようになる。聞き手は，退屈となったり，興味を失ったりすることもある。そこで，リポートの表現を豊かにし，聞き手へ分かりやすく説明するエクササイズをする。多様な表現の仕方を示し，活用することで豊かなリポートをする能力を育成する。次のようなリポートの表現を示すようにする。

〔リポートのときに使う表現例〕
特色についてお話します。/ はじめにまとめて話しておきます。
今日は3つのことを報告したいと思います。～から始め，～に移ります。
…の結果です。/～を考えるべきだと思います。
…に基づいています。/…に基づいて生み出されました。
～つの理由があります。/ まず第一に～からです。…，第二に～からです。
理由は…です。/ 理由を説明します。/ 主な理由は～/ そのため…です。
はっきりさせておきたい点があります。/ これが最も重要ですが～
例えば…/ 具体例を挙げましょう。/ 分かりやすくしましょう。
プラス面とマイナス面とを比較すると，/～比較すると…
このグラフによると～/ ○○ページのグラフを見てください。

活動手順

❶教科の学習内容で調査報告の単元をもとに，報告シーンを思い出せるようにノートやワークシートを見る。（児童たちにニュースのリポートの映像を見せ，伝えるための工夫を見つける。「専門家を呼んでいる」「大事な言葉を繰り返している」「実物を見せている」）自分たちでもリポートが上手にできるようになろうと呼びかける。「ニュースのリポートの工夫を使って報告しよう。」とエクササイズのねらいと手順を説明する。（2分）

❷伝えたいことの中心（テーマ）を決め，それを伝えるために分かったこと，そのよさの評価，背景となる解説などを発表原稿にメモしてグループでまとめる。（4分）

❸メモをもとに報告の練習をする。（2分）

❹クラスの前で各グループごとに発表し，上手なグループをグループ番号カードを挙手してジャッジする。（7分）

A1 個人でまとめてグループで報告をする。

活動のポイント

リポートの言葉は，冒頭部から展開部，そして終結部へとそれぞれの段階で必要となる。適宜自分のリポートに挿入し，聞き手が何をリポートしているのか分かりやすいように話す必要がある。特に，展開部で結果を得て考察に入る箇所では，聞き手が納得する必要がある。何が分かったので，「だからこのように考えられる」という考察が無理なく聞こえるように話す準備をする。そのために，このようなエクササイズでリポート特有の表現を知り，活用することが有効である。

⑱ 時間を短くしたり長くしたりしよう

[CSとの関連]〔知・技〕低・中・高「(1) イ，オ，カ」,〔思・判・表〕低・中・高「Aア，イ，ウ」

[準備物，教材] ワークシート

指導のねらいとポイント

第一次原稿をリライトし，話す時間を短くしたり，長くしたりするエクササイズである。短くすると要約力が付き，長くしていくと記述力が向上するので話すための原稿を書く能力を育成することになる。児童が作成した文章があればそれを用いて書き換える。ここでは，準備を容易にするために説明文を用いて書き換える。原稿量と話す時間の目安は，次の通りである。

○〔目安：15秒間75字，30秒間150字，45秒間225字，1分間300字程度〕

〔要約して短くするために〕

重要でない情報，具体例，修飾語句等を削除する。同じ意味をもつ表現を短いものに切り替える。重要なことや趣旨だけ伝える。

〔長くするために〕

具体例を入れる。説明のための修飾語句を付け加える。エピソードを入れる。図表を見せる。レトリックを使う。相手に呼びかける。

活動手順

❶モデル文30秒の分量をプリントにして配布し，時間に合わせて話す感覚をつかむ。この後，スピーチ原稿を長くしたり短くしたりして原稿を書き換える力を高めようと呼びかけ，エクササイズの説明をする。(3分)

❷教科書や資料の文章1分程度の分量をプリントにして配布する。45秒を基

準にして短くすることを考える。（４分）

❸グループで45秒ずつ発表し合い，発表者以外の人がジャッジする。グループ全員の発表終了後，チャンピオンを決める。合図に合わせて「本日のトーク大賞」を一斉に指名し，起立してみんなで拍手する。（８分）

〔ジャッジ〕
①約45秒程度で終了する…３点
②内容が上手につながっている…４点
③大きな声とはっきりした話し方になっている…３点

A1 30秒を45秒に長くして話すことを考える。

活動のポイント

原稿を書き換えることで原稿量と時間の関係を強く意識することができる。「今まで何かを話すときに時間を気にしたことはなかったけれど，これをきっかけに時間を気にして話してみたい。」「時間を意識して話すのはとても楽しかった。」と多くの児童が感想を書いている。効果的であることが証明されている。

リライトは，要約力と豊かに記述する力を同時に求めることができる方法である。児童も「もう少しエピソードを入れればよかった。」「トークを聞いて，こんな付け足し方もあるんだと思った。」「友達のトークを聞いて，ユーモアと分かりやすさがいいなと思った。まねしたい。」など，多くのスキルに気が付いていた。他には，「具体的，くり返し」の技などが「印象的でよかった。」と書いている。このように，リライトについても有効であることが分かる。どのように書き換えればよいかという考え方やスキルを明確に示して指導したい。

1 声や音を当てよう

[CS との関連]〔知・技〕低・中・高「(1) ア」,〔思・判・表〕低・中・高「A エ」

[準備物，教材] 動物の声や日常生活の音を収録したテープ音とワークシート〔例〕動物の声：カエル，ヒツジ，ウマ，アヒル，クマ，生活の中の音：「洗濯機，野菜を切る，肉を焼く，水道をひねって水を出す，セロハンテープを切る」

聞き取りカード　　名前＿＿＿＿＿＿

	聞こえた声	正しい声	○×	聞こえた音	正しい音	○×
1						
2						
3						
4						
5						

10点中

＿＿＿＿点

指導のねらいとポイント

日常生活においては，情報だけを得られればよいと，雑に聞くことも多い。そこで，複数の動物の声や日常生活の音を収録したテープ音を耳を澄まして聞くエクササイズをする。音声については，オンラインで取得したり，CD に収録されているものなどを使用する。順番に録音し，5匹の動物を聞き分ける。他に，道路や周辺の状況を録音したものなどでもよい。その場合には，同時に聞こえる複数の音の中から何の音が聞こえているのかを聞き分ける。静かに耳を澄まして「聴く」ことで，じっくり集中して「聴く」ことの大切さや，音声のおもしろさなどに気付くことをねらいとする。

Chapter ① ポイント
Chapter ② 音声力 音読力
Chapter ③ 話す力
Chapter ④ 聞く力
Chapter ⑤ 話し合う力

活動手順

❶「動物の声や生活の中の音を聞き分けるゲームをしよう。」と呼びかけ，エクササイズのねらいと手順を説明する。グループの正解合計点でランキングする。敗者復活戦としてクラス全員で３つの生活音を聞き，ランキング２回の結果でチャンピオングループを決める。（２分）
❷教師が準備した音声テープを順に流す。聞こえた音声をメモする。（４分）
❸グループ内で正解合計点を見合って確かめる。グループの合計点を出し，グループのランキングをする。（４分）
❹クラス全体で新しい生活音を３つ入れたテープを聞き，２回のランキング表で最高だったグループをチャンピオンとする。（５分）

A1　20秒間，静かに耳をそばだてる－無音で音源を聞き分けたり，雑音と意味のある情報を聞き分ける。

活動のポイント

聞き取る音声はそれほど難しくはない。動物も同時に聴くとおもしろいが，同時音の音源が入手しにくいので，順番に聞かせる。児童は，「動物の鳴き声の方が生活の音よりわかりやすかったです。」「聴いたことはあるような気がするけれど，何だったかな。」という反応が多かった。生活音は，知っていても強く認識していないので正解率が下がるのだろう。だからこそ，このようなエクササイズを通して，きっちりと，確かに聴くことを意識させ，人の話を聞くときの集中力へとつなぐことに意義があるのである。

❷ 話し手はどこから

[CS との関連]〔知・技〕低・中「(1) イ」,〔思・判・表〕低・中「Aウ, エ」

[準備物, 教材] 話の内容のメモを取るワークシート

指導のねらいとポイント

正解を当てる児童は，黒板に向かって立つ。話し手は，縦１列に並ぶ。そこから「おーい」と声をかける。聞き手は，誰が話したかを当てる。また，話し手が教室の中に散らばり，聞き手に声をかける。単なる呼びかけだけではなく，四字熟語やことわざなどの意味のある言葉を話して聞き取る。このように，誰が，どこから話しているか，また情報は何だったかを聞き取るエクササイズである。集中して聞くとともに，情報を聞き逃さない能力を育成することをねらいとする。このエクササイズは，聞き取ってもらうために話し手も大きな声ではっきりと言わなければいけないので，同時的に訓練することができる活動でもある。誰に向かって話しているのか，しっかり聞いてもらえるように話しているのか，伝えたい言葉が正しく伝わるための滑舌ができているかなどを意識して話すことを促す効果が期待できる。

活動手順

❶「誰がどこから話しているの？ゲームでエクササイズをしよう。」と呼びかけ，ねらいと手順を説明する。８～10人グループになり，グループ内でA・Bチームに分かれる。〔聞き取りゲーム〕を２戦やって，チャンピオングループを決める。（１分）

❷〔聞き取りゲーム第１戦〕

第１グループAチームが黒板に向かって立ち，聞き手として正解を当てる。Bチームは，話し手として黒板に向かって縦１列に並ぶ。そこから正解の児童１人が「おーい。」と声をかける。聞き手全員は，誰が話したかをカ

ードに書いて当てる。（２分）

❸Ｂチームが聞き手，Ａチームが話し手になり，同様に行う。第１グループの正解数を確定する。順次，第２グループ，第３グループ…と活動する。（４分）

❹〔聞き取りゲーム第２戦〕
第１グループＡチームが黒板に向かって立つ。Ｂチームは，話し手として教室の中に散らばり，聞き手に声をかける。正解を言う児童（２人でもかまわない）は，四字熟語やことわざなどの意味のある言葉を話す。聞き手全員は誰が言ったか，何と言ったかを聞き取りカードに書く。正解数をまとめる。（３分）

❺Ｂチームが聞き手になり，Ａチームが話し手になり，同様に行う。第１グループの正解数を確定する。順次，第２グループ，第３グループ…と活動する。最終的に，各グループの正解数を合計し，チャンピオングループを決める。（５分）

活動のポイント

２つのゲームを行うようにしているが，低学年や慣れないなどの理由から時間が足りない場合には，〔聞き取りゲーム第１戦〕だけを繰り返し，ジャッジをしてもよい。エクササイズは繰り返し継続することで能力を上げるので，様子を見ながら進めるとよい。

〔聞き取りゲーム第１戦〕では，縦１列で並ぶと声がどこから聞こえてくるのか分かりにくいことを利用している。並ぶとき，黒板から少し離れ，どの聞き手にも聞こえやすくするとよい。

〔聞き取りゲーム第２戦〕では，話をするときに気を付けるアイ・コンタクトの逆方向になる。注意して聞かないと分かりにくい。散らばりなどは，同じようにするのではなく，近い箇所に２人が立っているなどの工夫をするとおもしろくなる。

③ 聞いた内容を短くして他の人に伝えよう

[CSとの関連]〔知・技〕低・中「(1) イ」,〔思・判・表〕低・中「Aウ，エ」
[準備物，教材] 話すための説明文と要約を考えるためのワークシート

指導のねらいとポイント

話し手から30秒～1分間の話を聞き，聞いた内容を要約して他の人に伝えるエクササイズである。要点を聞き取り，要約することで聞く力を育成するとともに，次の人にすぐに伝えることで話す能力も育成する。同じ言い方ではなく，内容を要約し，趣旨や意図が分かるように伝えなければならない。要約すると情報だけが残って何を伝えているのか分かりにくくなるので，話の内容を深く聞くことが必要である。また，数値や場所などの情報を含んでいる場合には正確に聞き取ることが重要となる。

活動手順

❶「人の話を聞いて，要約して他の人に伝えよう。」と呼びかけ，エクササイズのねらいと手順を説明する。６人程度のグループ編成に分かれる。グループ内の２人が最初の「話し手」と「聞き手」になる。残った人が，２人の聞き手となる。（２分）
❷教科書や資料の説明文から選んだ30秒，150字程度の内容をグループ数プリントにし，グループの「話し手」が選ぶ（自由に内容を考えて話してもよい)。「話し手」は，最初の「聞き手」にだけ分かるように話す。「聞き手」はメモをして要約する。なお，話す方は，１回しか話してはいけないこと，聞く方は尋ねたり確認したりすることはできないこともルール化しておく。（４分）
❸「聞き手」がグループのメンバーの前で「話し手」となって内容を伝える。（２分）

❹各自が聞き取った内容をグループで１つにまとめる。（２分）
❺グループごとに最初の話し手と最終的にまとめた内容をチェックする。

〔ジャッジ〕
①正確だったか。
②よく分かるか。
③伝え方が上手だったか。

２回聞いているので，最初の聞き手＝話し手の要約力と話す力が原因か，次のグループ員の要約力が原因かを判断する。時間があれば，話し手・聞き手を交替して繰り返す。（５分）

A1　１分間300字程度の長さの話を聞き，要約して伝える。
A2　最初の人が話した内容を聞いて，列を作っている人に伝え，列の最後まで話す。最後の人が，最初の人に聞いた内容を伝え，どれだけずれているか，どこでずれたかをチェックする。

活動のポイント

最初，話し手が話す長さは，学年や実態に応じて長短を決める。話す内容も，動植物の成長など自然についての説明文，事物や施設の説明文，調べたことを報告する説明文など分かりやすいものでよい。高学年なら，グラフや表が含まれていて数値などが重要な説明文も用いる。

聞き取るためには，メモの取り方も大事となる。さらに，メモを見て話すという活動自体も経験を必要とする。「メモはできたが，後ろの人に言うときにうまく文章がつながらなかった。」と児童が気付いているように，継続することで能力が向上する。

4 話したことをそのまま復唱しよう

[CSとの関連]〔知・技〕低「(1) イ」中「(1) イ」,〔思・判・表〕低・中「Aウ」

[準備物，教材] 復唱するための説明文プリント

指導のねらいとポイント

英語教育法には,「シャドーイング法 shadowing method」と言って,話し手の話す内容を聞こえたらすぐに追いかけて復唱していく方法がある。リスニング力の向上に有効なものとして通訳者等に活用されている。しかし,国語領域ではほとんど行われていない。そこで，話し手が話したままに復唱するエクササイズをする。最初は難しいので，逐次通訳のように，1文ごとに復唱する repeating を行う。話していることを明確に聞き取り，復唱しながら話し方や話す内容を受け止め，その論理展開の仕方を学んだり，反応しながら感想力を高めることをねらいとする。聞く力と話す力を同時的に育成する。

活動手順

❶「聞く力を高めながら，どのように人に話せばよいかを学ぶために人が話した内容を復唱するゲームをしよう。」と呼びかけ，エクササイズのねらいと手順を説明する。
５人グループに分かれ，最初の話し手を決める。ペアグループを決め，AグループとBグループに分かれる。A・Bグループそれぞれに教科書や資料から選択した文章から違う４文を選び配布する。Aグループがやっているときに，Bグループは，プリントを見ながら合っているかジャッジする。判定表を付け，合計点で判定する。（３分）

〔判定表〕

合っているときは○…３点
ほとんど合っている△…２点
あまり合っていなければ×…１点

❷配布された４文を見て話し手が順番に話す。他のグループ員は，列を作って横並びし，聞こえたら復唱する。ジャッジして合計点をまとめる。（５分）
❸違う４文でＢグループが話して，Ａグループがジャッジする。（５分）
❹クラス全員で，合計点をもとに最も上手なグループを決める。（２分）
A1 話し手が自分の考えたことを話して，それらを復唱する。

活動のポイント

話す内容は，問題提起があり事例を使って説明するような内容や，低学年などではおもちゃの作り方の説明など分かりやすいものなどが考えられる。途中で詰まったりしても復唱することができれば速度はあまり問わないようにする。文の長さには長短があるが，それは気にかけないで進める。慣れてくると気にならなくなるはずである。聞こえやすいように話し手の声が聞こえるように隊形には配慮が必要だろう。

「同じ言葉を覚え切れなくても，何とか内容は捉えて話そうとする姿がみられた。」「一人一人の聞き取る力が分かり，取り組んでみてとてもよかったです。この活動を繰り返していくと，とても聞く力が育つと感じました。」と指導者が書いているように，活動は児童にとって分かりやすいので，一生懸命かつ楽しくやろうとする。児童も，「答えるとき，答えられるかドキドキしました。」「思ったよりも，言いにくかったです。」「思ったよりもとっても難しくってびっくりしました。また，やってみたくなりました。」とエクササイズのねらいを理解しながら難しさと楽しさを感じていた。

5 聖徳太子にチャレンジ

[CS との関連]〔知・技〕低・中・高「(1) イ」,〔思・判・表〕低・中・高「Aウ・エ」

[準備物，教材] 例：野菜，果物，料理，小動物，教室にあるもの，建物等をカードに書き，グループ数のカードを机上に置く。

指導のねらいとポイント

聞き手に対して，複数の話し手が一斉に発言し，聞き手はそれらの言葉を少しでも多く聞き取るエクササイズである。10人の話を同時に聞いたという聖徳太子の伝説をもとに，耳を傾け，必要な情報を集中して聞く能力を育成することをねらいとする。人の話を聞くとき，いろいろなノイズがあったり，他の活動とともに聞いたりする場合がある。また，聞いているようで集中せず何となく聞くこともある。このような楽しいエクササイズを通して，集中して聞くこと，じっくり耳を傾けることなどの大切さに気付くように工夫したものである。

活動手順

❶「人の話を集中して聞けるように，同時に話された言葉を聞き取るゲームをしよう。」と呼びかけ，エクササイズのねらいと手順を説明する。
グループ対抗でチャレンジし，聞き取るのが上手なグループを決める。グループは４～６人グループとする。各グループをＡグループとＢグループに分け，ペアになる。（２分）

❷各グループの代表が，カードを引く。グループに持ち帰り，カードに書かれた１つのテーマで各自が何を発言するか考える。発言する単語を調整する。（２分）

❸Ａグループが聞き手側で横１列で並ぶ。向かい合うようにＢグループが立ち，テーマを発表し，一斉に考えた単語を発言する。（２分）

❹Aグループ員が，順番に聞き取れた単語を発表する（または，グループ内で聞き取れた単語をまとめる）。Bグループ員で発言した正解が発表されれば挙手をする。正解数の合計をメモする。（４分）

❺Bグループが聞き手側，Aグループが話し手側で同様に発言をし，正解発表をして合計する。（４分）

❻グループの合計点数の高い順序でランキングし，３位までを発表する。（１分）

A1　グループを10人に増やしてどれだけ聞こえるかクラスでチャレンジする。

活動のポイント

「言葉を考えるときも聞いているときも，子どもたちは必死に取り組んでいました。」「他のグループに聞こえないように小さな声で相談していた姿が印象的です。」と指導者が記録するように，このエクササイズは，課題を出したときから意欲的に取り組むことができるものである。児童からは，声の大きさや発音などの声の出し方や，聞く場所を変えた方がいいなど，自分たちでルールを考える発言も出ている。言葉を考えるときに，ひねりすぎて難しい言葉を考えるようになったので，「みんなが知っている言葉を使った方がもっと楽しめる。」とアドバイスした。最後は，「10人で一斉にしてみたい。とてもおもしろかった。またやりたい。」と総括していた。

6 出てきた数値を覚えているかな

[CS との関連]〔知・技〕低・中・高「(1) オ, (2) ア」,〔思・判・表〕低・中・高「Aウ」

[準備物，教材] 数値情報が多い案内・紹介などの説明文，天気予報の一部をプリントしたもの（2文章，数値5～7）と，聞き取ったことをメモするワークシート

指導のねらいとポイント

連絡，伝言，調査報告，観光案内の説明文，天気など数値が重要な情報として多く含んでいる話の中から，数値を正確に聞き取るエクササイズである。人の話を聞くとき，要点を押さえることが重要となる。要点は，2つある。

〔要点の第一〕
話し手が与える主張・意見・考え，情報，知識や技能，その考えを支える事例や理由，事実などの中心部分であり，聞き手が必要とする内容。これらを要点として聞き取ることが大切となる。
〔要点の第二〕
話し手が述べるために必要な展開上の表現である。話の様式が，説明，報告，紹介，案内など多岐にわたるのに応じて，その様式が必要とする表現を使用し，聞き手に分かるように話していかなければならない。冒頭の話題提示も，話し手と聞き手が課題を共有し，ともに考えを進めていくために明確に示さなければならない。話してきたことを要約したり，次に展開する内容を予告したりする表現も，この共有と聞き手に正確な理解を促すために欠かせない。例えば，取り上げられた事実を聞き取っても，それが話し手の意図と一緒になって理解しないと，何のために取り上げたのか分からなかったり，間違った理解をする可能性もある。このような表現を聞き取ることが大切となる。

活動手順

❶「話に出てくるいろいろな数値を聞き取るゲームでエクササイズをしよう。」と呼びかけ，ねらいと手順を説明する。グループに分かれる。（１分）

❷数値情報が多い案内・紹介などの説明文の一部をプリントしたものと，聞き取ったことをメモするワークシート（名前とメモ欄）を配布する。（２分）

❸本文のプリントを見ながら司会団が発表する。グループで座り，数値（５個）を中心に聞き取る。（３分）

❹グループで聞き取った内容を総合し，まとめる。司会団が正解を発表する。正解数を各グループで整理する。（３分）

❺次の文章（数値５個）を司会団が発表する。同様に，メモを取り，正解を聞いてグループごとの正解を黒板で一覧にする。（３分）

❻最も正解の多かったグループを決める。（３分）

A1 個人で聞き取り，最も正解の多かったチャンピオンを決める。

活動のポイント

数字だけではなく，月・日，単位，数値の変化などにも気を付けて聞き取るようにする。何のための数値であったかなども説明させるようにすると，一層聞き取り能力が向上する。いつ数字が出てくるのか分からないので，ずっと緊張して聞いており，集中力が高まっていることもよく分かる。慣れてきたら数値を多くして能力を高めるとよい。

テーマに沿った主張文を聞き取って，短くまとめよう

[CS との関連]〔知・技〕低・中・高「(2) ア」,〔思・判・表〕低・中・高「Aイ・エ」

[準備物，教材] ごみ問題や朝食をとることの大切さなど身近なテーマで書かれた文章から，主張が明確に出ている箇所を選びプリントにしたものと，それを聞き取り，要約をするためのワークシート

指導のねらいとポイント

教科書や資料から主張を明確に述べている箇所を教師または司会団が発表し，各自が聞き取ったことを要約するエクササイズである。話の要点となる話し手の主張を明確に聞き取り，メモをし，それをもとに要約文を書く能力を育成する。要約のポイントは，Chapter３の「❷２文を１文に，１文を２文に書き換えよう」に示している（〔パラフレイズの基準〕参照)。文章構成を維持しながら，補足的な前提，事情などの省略，修飾語句の削除，具体例や数値などの省略，同義語・類義的表現を避けるなどに気を付けることになる。

主張は，次のような構成になることが多い。

〔主張の構成－この順序でなくともよく，このような要素を含むもの〕
①主張
②事項そのものの説明
③具体例・事例
④原因・理由・根拠

活動手順

❶「話し手の主張が聞き取れるようになるゲームでエクササイズしよう。」

と呼びかけ，ねらいと手順を説明する。文章の中から，主張文が明確に出ている箇所を抽出しプリントにする。要約ワークシートを使って要約し，上手にまとめられたグループを決める。４人グループに分かれる。（１分）

❷司会団がプリントを見ながら発表する。各自がメモを取る。（３分）

❸各自のメモをもとに協議して要約する。（６分）

❹各グループの要約をクラスで発表し，上手にまとめているグループを，グループ番号を書いたカードを一斉に挙げて決める。次のような点からジャッジする。（５分）

〔ジャッジ〕
①キーワードを含んでいる。
②主張の構成をもとに要約している。
③聞いた人が分かりやすい。

活動のポイント

話の中に主張文があることを強く自覚させるために，キーワードメモが何を書き残しているかを自覚させるようにすると，実際に話された話のキーワードと，要約のポイントを合わせることで何が大事な言葉かをよく考えることにつながる。また，再構築していくことが要約文であるので，この経験が記述力を高めることに深く影響する。児童も「ジャッジするときは，自分のメモを見ながら，同じような言葉が入っているかどうかを基準にした。」と書いている。漫然と聞くのではなく，話し手の主張を聞き取る努力をすることにつながっていることが分かる。「話を聞くときは，静かになり，メモを必死に取っていました。」と記録されており，目的を明確にしていることが効果を上げている。慣れてきたら個人で要約することも求めていくとよいだろう。

❽ 足りないものを見つけよう

[CS との関連]〔知・技〕低「(1) イ」中「(1) イ」,〔思・判・表〕低「Aウ」中「Aウ」

[準備物，教材] 天気概況など情報が抜けている資料とメモを取るワークシート

指導のねらいとポイント

目的に応じていない，不足したステートメントを指摘するエクササイズである。天気予報，教科書や資料の説明文などを利用して，不足分を作るように原文を改稿する。発表や放送として聞き，目的や意図，様式から考えて不足してはならないことに気付き，理由や内容を考えることができる能力を育成する。構成上必要な事項を理解し，実際の話の内容に適用できるようにすることがねらいである。

活動手順

❶「これからお話を聞いてもらいます。ところが，その中に必要なことが不足しています。『それは何でしょう。』というように，不足しているものを見つけるゲームでお話エクササイズをします。」と呼びかけ，エクササイズのねらいと手順を説明する。（2分）

❷天気概況の文章（新聞やオンラインから入手）をもとに司会団が読み上げ放送する。聞いている人は，①何が抜けているか，②抜けているもので具体的に入る言葉を考える。（5分）
「天気予報を聞いていた○○さんは，『何か足りないよね。』と言いました。このお天気レポーターは何が足りないでしょう。」（スクリプトは，気象庁などのオンラインから入手。日付，地名，気温，予報などを削除して作成）

〔スクリプト例―この中から学年に応じて不足させる言葉数を決める〕

天気概況
　平成○年○月○日○時○分　○○地方気象台発表

（*○○地方―地方不足*）は，（*気圧の谷や湿った空気の―影響の理由不足*）影響で概ね曇りとなっています。（*2日―日付不足*）は，気圧の谷や湿った空気の影響で曇り，西部と中部では夜から，東部では夜遅くに（*雨が降る―天気予報不足*）なるでしょう。（*最高気温は15℃―最高気温不足*），最低気温は4℃になると予想されます。

❸各自がメモしたものをグループで見せ合って，解答をまとめる。（3分）
❹司会団が正解を発表し，各グループの正解数で1位を決める。（2分）

A1　個人で解答をまとめ，クラスでランキングする。
A2　説明文の冒頭部や展開部分からまとまった議論をしている箇所を選び，話を聞き，必要な要素が不足していることを発見する。

活動のポイント

何が不足しているかは，前後の文脈から考えることで気付く内容もある。天気予報なら，地名，予報，日付，気温など，放送すべき情報があるので気付きやすい。学校内での連絡や案内なども有効だろう。また，説明文，報告など様式性が高い話では，一般的な構成から必要なものを予想して聞いているので，不足に気付くこともできなければならないので，エクササイズが効果を発揮する。

❾ 何でも答えよう

[CS との関連]〔知・技〕低「(1) イ」中「(1) イ」,〔思・判・表〕低「Aウ」中「Aウ」

[準備物，教材] 考えをまとめるワークシート

指導のねらいとポイント

話し手は考えを一文でまとめて発表し，聞き手からの多様な質問に答えるエクササイズである。話し手も聞き手も，限られた時間内で質疑応答する能力を必要とする。複数の人によるのでどのような質問が来るか分からない中で，すぐに話し手は答えなければならない質疑応答力を育成することをねらいとする。

話し手も聞き手も，質問の観点をできるだけ多く浮かべ，それらに対応することが求められる。

活動手順

❶「話し手は発表し聞かれたことに何でも答える，聞き手はできる限り速く質問を思い付くゲームでエクササイズをしよう。」と呼びかけ，エクササイズのねらいと手順を説明する。ワークシートのようにルールを説明する。
４人グループに分かれ，奇数グループが最初にやり，次に偶数グループに交替することを説明する。（２分）

❷与えられたテーマについて30字程度でワークシートに記入する。

❸各グループの司会者が，手順通り進め，ジャッジする。（ジャッジを相手のメンバーに伝える形をとる）（５分）

❹グループを交替する。（５分）

❺クラスで何が楽しかったか，難しかったかを交流する。（３分）

〔ワークシート例〕

◇ルール
①4人グループでします。
②1番の人は、テーマについて自分の考えを30字ていどの1文で発表します。
③2番の人は、1番の人の話にたいしてしつ問をします。（5びょうい内に）
④1番の人は、2番の人のしつ問に答えます。（10びょうい内に）
⑤3番と4番の人も同じようにします。
⑥1番の人への2番から4番の人のしつ問が終わったら、次は2番の人が自分の考えを発表します。（このあと3番、4番とじゅんばんにしていきます。）
⑦となりの班の人は、時間を守ってしつ問をしているか、話しているか、またその話の内ようは話題に合っているかをジャッジします。
⑧き数はんが終わったら、ぐう数はんとこうたいします。
⑨全体が終わったら、ジャッジについて交流します。

◇テーマ
①「わたしの自学について」
②「教室の落し物について」
③「時間を守ることについて」
④「あいさつについて」

グループで順番を決めて、1番の人は①のテーマで考えましょう。

テーマ「　　　　　　　　　　　　　　　　　　　　」
自分の考えを30字、一文でまとめる。

活動のポイント

テーマについては，学年に応じて身近なことから社会的なものまで取り上げるようにする。４人グループなので，４つのテーマを与えることにする。質問内容が変わるので楽しみながらできる。

隣のグループがジャッジをするので，聞き手役としての役割が明確になる。タイムは５秒，10秒ルールで守るようにする方が楽しい。「班の人ががんばれと言ってくれたので，５秒はすぎたけれど，あせらず質問できてとてもよかったです。」と時間を強く意識して頑張って努力している。

慣れてきたら，もう少し人数を増やしてやってもよい。質問の質を上げていくことができる。質問が浮かばない児童には，少しヒントを与えてもよいだろう。

⑩ ニュースのヘッドラインを聞き取ろう

[CS との関連]〔知・技〕低・中「(1) イ」,〔思・判・表〕低「Aウ」中「Aウ」

[準備物,教材] ニュース原稿(小学生新聞などに,前週のトピックニュースがまとめられているようなものもある。4～5つの記事を収録)もしくは,ラジオやテレビ放送。聞き取りのためのワークシート

指導のねらいとポイント

ニュースが次々に話題や内容を変えながら話していくのを聞き,内容をヘッドラインとして箇条書きするエクササイズである。ニュースを聞き取るとき,最も重要なのが,トピックが変化することについていけるかどうかである。社会的なものから日常の行事まで数秒ごとに変化していく。このような変化を手がかりに人がどのような話をしているかを集中して聞き,内容理解をする聴解力を育成する。ニュースを聞くだけでなく,トピック=話題の要点を聞き取る能力を高めるようにする。

資料は,新聞等の見出しとリード文を用いてもよいし,実際のテレビ放送やオンラインニュースを活用してもよい。ニュースを聞き取るためには,話題を象徴するトピックワードを聞く,主語や述語などの重要な箇所に関連語彙が出てくるのでそれらを聞くなどして,トピックを押さえるようにする。

活動手順

❶「今日は,司会団にニュースを読んでもらいます。はじめはパーソナルワークで聞き取ってメモし,その後4分間でグループの意見をまとめます。今日のジャッジは司会団にしてもらいます。」と呼びかけ,エクササイズのねらいと手順を説明する。グループに分かれる。(2分)

❷新聞のヘッドラインとリード文からニュース原稿を作成し,配布する。司会団はニュースのキーワードを話し合い,ジャッジの判定基準を決める。

（２分）

❸司会団が読み上げる。各自がヘッドラインの内容を箇条書きでメモを取る。（４分）

❹グループで解答を整理する。（４分）

❺司会団はニュースのキーワードを話し合い，ジャッジの基準を決め，答え合わせをする。各グループの解答を見てジャッジ。（３分）

〔ワークシート例〕

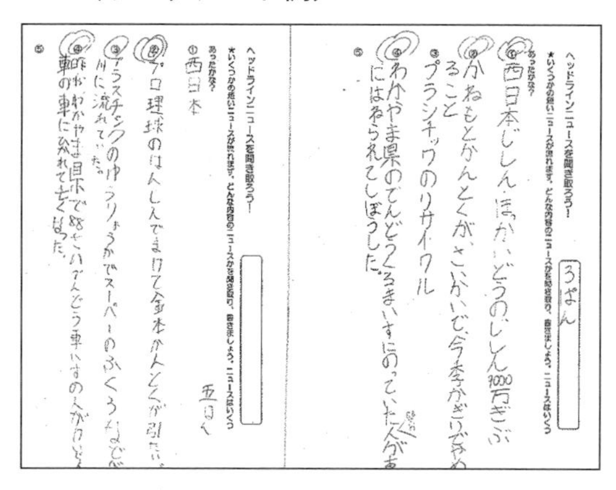
ヘッドラインニュースを聞き取ろう！
★いくつかの短いニュースが流れます。どんな内容のニュースかを聞き取り，書きましょう。ニュースはいくつあったかな？
①西日本じしん・ほっかいどうのじしん1000万ぎぶ
②かねもとかんとくが，さいかいで今季かぎりでやめること
③プラシチックのリサイクル
④わかやま県のでんどうくるまいすにのっていた人が
⑤

ヘッドラインニュースを聞き取ろう！
★いくつかの短いニュースが流れます。どんな内容のニュースかを聞き取り，書きましょう。ニュースはいくつあったかな？
①西日本
②プロ野球のはんしんでまけて金本かんとくが引たい。
③プラスチックのゆうりょうかでスーパーのふくろなどが川に流れていった。
④昨日わかやま県で88さいのでんどう車いすの人が車の車にひかれて亡くなった。
⑤

A1　ラジオまたはテレビのヘッドラインニュースを聞いて箇条書きする。

活動のポイント

内容が多岐にわたるので，ニュース原稿を読む司会団は，少し下準備をした方がよい。ジャッジをするときに必要なキーワードを決めることにも役立つ。ニュースは時間が短く，結論をすぐにも示すので，トピックが移行するときに集中する必要があるので，エクササイズが有効になるだろう。児童も，「ニュースの聞き取りは，楽しくておもしろかったし，読んでいる人もおもしろかったと思います。次は，読みたい‼」と楽しみながら，司会団としてニュースを読むのがキャスターのようで憧れをもって取り組もうとしていることが分かるのである。

⑪ 発表者と記者に分かれて記者会見

[CSとの関連]〔知・技〕低・中・高「(1) イ，キ」，〔思・判・表〕低・中・高「Aア・イ・エ」

[準備物，教材] 記者会見のテーマとなるカード，採点表シート

指導のねらいとポイント

記者会見のように1グループが前に出て，他のグループは記者となってインタビューするエクササイズである。実際の場面設定を活用しながら，インタビュー力を育成する。インタビューアーと合わせてインタビューイーとして回答する力も高める。原稿を準備しないで，すばやくインタビューの言葉を作り，質問していく。一方，聞かれた方はそれらの複数の質問に答える能力を高めるようにする。質問には，多様な方法がある。相手の意図を深める質問，自分が得たい情報を引き出す質問，オープンクエスチョンかクローズドクエスチョンか，など考える必要が出てくる。ジャッジは，各グループの質問数を基準にし，意欲を高めるようにする。

活動手順

❶「インタビューアー」「インタビューイー」「審判団」の３つに分かれ，「記者会見ゲーム」をしようと呼びかけ，エクササイズのねらいと手順を説明する。３グループ（各４～５人）を１チームとし，３つの立場を経験する。（２分）

❷各チームの第１グループがクラスの前に出る。審判団がくじを引き，テーマを設定する。（テーマ例：宿泊学習の帰校会見，長縄大会優勝の会見，運動会優勝の会見，跳び箱大会優勝の会見，コンサート参観の会見など）前に出たグループは，テーマについてどのような内容を話すかを相談し，全員に発表する。他のグループは記者として，そのようなインタビューイ

ーに何を聞けばよいか作戦タイムを取る。（２分）

❸司会者が１つだけ質問をした後，記者たちに促す。インタビューを開始する。会見中は審判団が採点基準をもとに採点する。（３分）

審判団　　班
インタビューイー　　班
インタビューアー　　班
記者会見テーマ【　　　　　　　　　　】

項目	数（正の字で）
つながりのある質問ができた（２点）	
話題を変える質問ができた（１点）	
関係のない答えられない質問だった（２点）	
全員が質問できた（５点）	
全員が答えた（５点）	
合計	

❹各チームの残り２グループが，役割を交代して記者会見をする。（３分＋３分）

❺すべての活動後，最もインタビューグループとしてよかったグループをチャンピオンとして認定する。（１分）

活動のポイント

児童は，「記者会見」という設定を喜び，意欲的に取り組んだ。「前の人が言った質問を関係付けて，質問をしたことと，インタビューを詳しく答えることができました。でもチーム全員ができなければダメなので，みんなで作戦を立てたり，特訓したりして，次はもっと得点を取りたいです。」というように協力する姿も見られた。作戦タイムでは，チームでインタビューする順番を考えたり，想定される回答や，回答に対しての質問のつなげ方を予測したりするとよい。ただ，記者会見では，あまり準備せずその場で判断してよい質問をすることも重要である。司会者は，質問が止まり，時間が無駄になることにもなりうるので，促す役割を強く意識できる。さらに，１つの回答から深める質問も出せるようにするとよい。

⑫ インタビューアーは，インタビューイー！

[CS との関連]〔知・技〕低・中・高「(1) イ，キ」，〔思・判・表〕低・中・高「Aア・イ・エ」

[準備物，教材] リレーをイメージしやすいバトンなど

指導のねらいとポイント

話題に基づいて１人が次の人にインタビューする。次に，インタビューされた人（インタビューイー）が，次の人にインタビューする。インタビューアーがインタビューイーになっていくというリレーインタビューを経験するエクササイズである。インタビューイーがインタビューアーに変化していくことによって，両方の立場を理解しながら，話題に沿って聞く能力を育成する。一定の話題の範囲で先行のインタビューの内容をどれだけ展開する力があるかが問われることになる。

〔つないで聞いていくためのヒント例〕
○連想，推論して聞く（「～と言えば」）
○事実・事例・実例を聞く（「例えば～」）
○経験を追加する（「ぼくもこんなことが～」）
○背景，変遷，歴史を聞く（「今までどうでしたか」）
○同じものや違うものを比べて聞く（「～と比べたら」「～と全く違うんですね」）
○気持ちを聞く（「どんなふうに思いましたか」）
○理由を聞く（「どうしてですか」「どうやってやったんですか」）
○詳しく聞く（説明，働き，目的，成分，仲間，方法，手順など）

活動手順

❶「インタビューする力，インタビューに答える力を伸ばすエクササイズをします。その名もリレーインタビューです。このエクササイズのポイントは，前の話に関係ある話をどれだけ広げたり，つないだりできるかということです。」と呼びかけ，エクササイズのねらいと手順を説明する。グループに分かれる（4～6人）。インタビューの前に「つないで聞いていくためのヒントを説明します。」（3分）

❷各グループで「自分たちのクラス」というテーマで1人目が質問をする。（児童にマイク代わりのバトンを渡す。テーマ例：最近の出来事，好きなもの，関心のあること－「運動会」「音楽会」「休みの日」など）（1分）

❸回答した人が，隣の人に質問する。先の話した内容に関連付けて質問する。「～と言えば」などを用いて話題をつないでいく。（5分）

❹一回りしたら逆にリレーする。振り返りをまとめる。時間が来て終了していない場合には，終了してもよい。（5分）

A1 審判団によるジャッジをしながら，リレーインタビューをし，上手なグループを決める。

活動のポイント

エクササイズの説明は，経験がないので難しそうに思うかもしれないが，始まるとすぐに慣れる。楽しそうに，かつ積極的にインタビューをつないでいた。例えば，「このクラスのよいところは何ですか。」→「このクラスのよいところは，掃除や給食の用意がとても早いことです。」→「このクラスの掃除はとても早いですが，それはどうしてですか。」→「ぞうきんをかける順番を工夫したりしています。…」話題をつなぐために，友達の話をいつも以上にしっかりと聞き，そのことがよかったと児童は総括していた。

⑬ 正解が分からない！　Yes-No ゲーム

[CS との関連]〔知・技〕低・中・高「(1) イ，キ」，〔思・判・表〕低・中・高「Aア・イ・エ」

[準備物，教材]　テーマと正解が書いてあるカード

指導のねらいとポイント

解答者は正解が分からない状態で，聞き手に質問を重ね，「Yes-No」の解答から正解を推測するエクササイズである。司会者がカードを渡し，他の人が見られる状態にする。解答者は，最初に大きなテーマ（食べ物，スポーツ，行事等自由でよい）を教えてもらう。次に，他の人に順番に「Yes-No」を言ってもらいながら正解を推測する。ヒントは，「Yes-No」で５問で答えてもらったものに限る。質問から自分が解答しなければいけない内容を推測することで，質問力や推測したり総合したりする思考力と話し合う能力を育成する。

活動手順

❶「正解が分からない！　Yes-No ゲームをしよう。」と呼びかけ，エクササイズのねらいと手順を説明する（実際に教師と児童でモデルをしてもよい）。６人グループで正解解答者１名，「Yes-No」だけを言う５人とする。（２分）

❷１つのグループに１セットの解答を教師が机上に置く（テーマと正解が書いてあるカード）。６人グループに移動する。各グループの５人の最初の人がカードを選ぶ。５人は，テーマと正解を見る。正解解答者にテーマを知らせる（食べ物，スポーツ，行事等自由でよい）。（２分）

❸正解解答者は，「それは～ですか。」と他の人に順番に聞く。５人は「Yes-No」で解答する。全部が終了したら正解を推測する。正解を発表し，答

え合わせをする。（1分）

❹グループ全員で続けていく。（各自1分×5人＝5分，予備含め8分）

A1　1人だけ正解を知っていて，5人が聞いて正解を推測する逆バージョンで展開する。

活動のポイント

質問を考えることは難しそうに見えるが，「おもしろかったところは，質問を考えることです。」「質問するとわかるようになることがおもしろかったです。」「こんなおもしろいのは久しぶりでした。」と児童が書いているように，難しいからこそ楽しいというところがあるものである。また，間違っても「おもしろかったことは，自分の答えと本当の答えが全然違ったことです。」というように，このエクササイズの活動が楽しいことを感じ取っているので，続けていくことで質問力を向上させることができる。

5回しか質問ができないので，無駄がないように工夫することも支援するようにする。質問を考えるとき，何を聞けばよいのか，対象を浮き彫りにする観点を浮かべる工夫を指導するとよい。

⑭ 理由は５回インタビュー

[CS との関連]〔知・技〕低・中・高「(1) イ，キ，(2) ア」，〔思・判・表〕低・中・高「A ア・イ・エ」

[準備物，教材] なし

指導のねらいとポイント

同じことについて，聞き手の回答に対して５回連続してインタビューするエクササイズである。理由を聞かれて回答する能力と理由を繰り返し聞き相手の考えがどのように深められていくかを観察し，理由を聞く意義を感じ取る能力を育成する。理由を聞かれて浅い思いつきの考えにしか至らずに述べてしまうことも多い。理由は，複雑，複合的なものである。本質に迫っていくためには，多面的でしかもその問いかけを深くしないといけない。聞き手も，聞かれる回答者も，考えの根幹にある枝葉末節にこだわらないものを追求していくことができることを経験する。

Chapter３の「⑩考えの原因・理由・根拠を追加しよう」のエクササイズでも理由を話す能力を活動化している。原因と結果の因果関係，事実，経験やエピソード，証拠，科学的知識，法的根拠，証明など多くの可能性を検討する必要がある。

活動手順

❶エクササイズのねらいと手順を説明する。６人グループに分かれる。（１分）

❷グループの中で１人が回答者，他のメンバーは質問者となる。質問者は，基本の質問を考える。

「何が好きですか」「今何に夢中になっていますか」「寿司は何が好き」「行ってみたい外国」「よく読む漫画は」「好きなスポーツ」「頑張っているこ

と」「これからしたいこと」「忘れられないこと」など自由に設定する。（1分）

❸質問者は，最初の質問をする。第1回答に合わせ，質問者が「なぜそうなんですか。」と順番に回答の理由を聞いていく。同じ質問をグループ員が続ける。回答者は，原因・理由・根拠などを多様に付け加えて回答する。（2分）

❹回答者と質問者を交替する。（5人×2分＝10分）

❺グループで一番上手に理由を答えたと思う人を指名して決める。

活動のポイント

準備が特に必要ないので取り組みやすい。理由は，多様なので幅が広い。繰り返していくと多様な観点が出てきて自覚的に理由を述べることができるようになる。

理由になるものには，たくさんの事実がある（働き，形，仕組み，成分など），証拠と言える事実がある，根拠となる科学的な知識から間違いない，経験から確かに言える，誰かが言っていた（科学者，専門家，実際に仕事をしている人，先生，など），結果をサポートする統計数値がある，など多様なものがある。3回ぐらいになると，理由を深めるのが難しくなるのでこれらを活用しながら回答を深めていくようにするとよい。

エクササイズでは，繰り返し質問しているが，児童は飽きずに繰り返し取り組んでいる。「もっとやりたい。」という感想がとても多かった。「行きたい国」の話をしていた児童が，最後に「辛いものが好きだから。」で質問が終わり，みんなが「おお，なるほど。」となりました。「そんな理由とは思っていなかったので聞いていておもしろかったです。」と発見もあったりして，飽きないことにつながっている。

⑮ 引用を探そう

[CS との関連]〔知・技〕高「(1) ク」中・高「(2) イ」,〔思・判・表〕低・中・高「Aア・イ・エ」

[準備物，教材] 引用を用いた資料（例：子ども新聞の記事・偉人を紹介した本の一部を抜粋など）とメモのためのワークシート

指導のねらいとポイント

発表や意見の中に含まれている引用を発見するエクササイズである。相手の話を構成している引用が，重要な役割を果たしていることやどのような工夫をしているかを把握し，自らの理解や表現に役立てる能力を育成する。

〔引用を聞き取るポイント〕

①引用の目的や立場－情報，知識，参照，権威付け，理由・根拠など
②引用のもとになるもの－文献，発言，データ，映像，情報など
③引用の形式－間接引用（要約引用），直接引用（本文，キーワード，抜粋）
④出典－信頼できる本か，どのような場での発言か，確認できるか
⑤引用するものの妥当性－自分の目的に合ったもの，最新のもの，展望の行き届いたもの，広く認められたもの，など
⑥引用と話し手の分量のバランス－一部（短文）にとどめているか，引用回数が多すぎないか
⑦引用した文章の前後のコメント－なぜ引用したかコメントを付けているか，引用した目的をコメントから知ることができるか
⑧複数引用した場合の相互関係－複数の引用の相互関係を考える。お互いの主張が反発したり，無理に同じ立場に囲い込んだりしていないか

活動手順

❶「今話している人が，他の人の言葉や物語，説明文などを引用していることに気付くことがあります。話を聞いて，引用が含まれているところを見つけてメモしましょう。どのグループがたくさん聞き取れるか決めます。」と呼びかけ，エクササイズのねらいと手順を説明する。「引用メモは，①何を引用していたか，②直接引用か間接引用か，（余裕があれば，③なぜ引用していたか）をメモします。」４～６人グループに分かれます。（２分）
❷司会団が教科書や資料からまとまった300～600字程度（１～２分）の話を２回する。各自は，引用のメモをする。（６分）
❸グループで相談して整理する。（４分）
❹クラスでグループが発表をする。司会団または教師が答え合わせをする。点数化してジャッジする。（３分）

〔ジャッジ〕
①引用数が合っている…１個１点
②何を引用していたかが合っている…１個１点
③直接引用か間接引用か…１個１点

A1 なぜ引用したかを中心に引用エクササイズをする。

活動のポイント

児童は，引用そのものに注目して聞くことは少ない。だから，ジャッジのための点数は低くてもよい。「いろいろな人の話を聞くときに，引用して話しているかなと思って聞いてみたいです。」と感想を書いているように，このようなエクササイズをきっかけに日常の話の中で注目することにつながれば意義深いだろう。

16 引用のためのコメントを付けよう

[CSとの関連]〔知・技〕高「(1) ク」中・高「(2) イ」,〔思・判・表〕低・中・高「Aア・イ・エ」

[準備物，教材] 引用を用いた資料とメモのためのワークシート

指導のねらいとポイント

聞いたことを引用するためにコメントを付けるエクササイズである。引用した場合には,「～と言った」「～と話した」では引用の意図が伝わりにくい。なぜ引用したのか，引用部分をどのように評価したのかをコメントで示す必要がある。聞いた話の内容を聞き取る能力に加え，その目的が明確に出るコメントをする能力を育成する。一般的なものは，次のようなものである。

[コメントを付け加えよう]（『話す力・聞く力の基礎・基本』から一部引用）
①発言者や出典を明らかにする引用形式
②発言者とともに，引用者のコメントを付加する引用形式
③引用者の文脈の中に「　」の直接引用や間接引用をする形式
④一般に言われている常識，見解，理論などを前提に置く引用形式

〔児童に示した具体例〕
「～」と明るい表情で語った。「～」と渋い表情で語った。「～」と期待を込めた。
「～」と信頼を寄せている。「～」と意気込む。「～」と唇をかんだ。
「～」と決意をこめた。「～と怒りをこめて話した」「～と繰り返し語っていた」
「～」と強調した。「～」と理解を求めた。「～」と不安顔だ。「～」と否定した。
「～」と自信ありげに語った。「～」と指摘した。「～」と認める声もある　など

活動手順

❶「テレビのニュースなどでは，専門家や著名人の言葉がよく引用されていて，アナウンサーがコメントを付けて引用しています。皆さんもチャレンジしましょう。」と呼びかけ，エクササイズのねらいと手順を説明する。児童を司会団と解答グループに分ける。（各チーム４人ずつ）（２分）

❷教科書や資料からまとまった300～600字程度（１～２分の分量）の話をする。各自は，キーワードやキーセンテンスをメモする。（４分）

❸各グループで直接引用形式で，引用の意図が分かるコメントを付けた文を作る。（５分）

❹クラスの前でグループごとに発表し，採点基準に照らしてジャッジし，上手なグループを決める。（４分）

〔ジャッジ〕
①資料のキーワードが捉えられているか…１個１点
②誰の言葉を引用したのかを明確にしているか…１個１点
③コメント文が引用の内容に合っているか…１個１点

活動のポイント

各グループで，「～と笑顔で語ってくれました。」「～実行委員にかんしゃしながら，満足げに語っていました。」「～とすごく幸せそうに語ってくれました。」というように，多様なコメントを作ることができていた。「これからは気をつけて聞きたいと思いました。」と普段でも生かす意欲が高まっている。

⑰ 役に立つかな？

[CSとの関連]〔知・技〕低・中・高「(2) ア」,〔思・判・表〕低・中・高「Aア・イ・エ」
[準備物，教材] 提案を聞いて考えをまとめるワークシート

指導のねらいとポイント

課題があって解決するとき，あるいは意見を交わした後，解決案を提案されたときなどについて，考えるものである。提案されたことは有用性があるか，特定の明確な効果を期待する有効性・実効性があるか，などから厳密に評価するエクササイズである。人の話を鵜呑みにせず，自ら評価する一つとして提案の有用性や有効性，実効性などを評価して聞く能力と，Critical Thinkingを育成する。エクササイズを経験することで，課題はないか考える習慣をもつようにすることをねらっている。

〔ジャッジ例〕 有用性や有効性・実効性は，次のことなどから検討する。
○現実的であるか　○実現可能か
○手順や方法がはっきりしているか
○能率がよいか
○実際に動かして役立つか　○継続していけるか
○使いやすいか　○よく機能するか
○多くの人に役に立つか
○ある場面で役に立つか
○いろいろなことに使えるか

活動手順

❶「提案を聞き，その提案は実際に役立つかをグループで考えよう。」と呼

びかけ，エクササイズのねらいと手順を説明する。司会団は，提案をまとめる。（２分）

❷司会団が解決すべき課題を発表し，どのように解決するかを提案する（300～600字程度，１～２分）。各自は，提案の趣旨をメモする（時間があれば質問タイムを設定する）。（３分）

❸グループで有用性や有効性，実効性を評価し，考えと理由をまとめる。（３分）

❹クラスの前で各グループが発表し，考えと理由の妥当性をジャッジする。グループの提案を２つの観点から各自が評価し，司会団の問いかけで一番よいグループのところで挙手をして決める。（５分）

〔例〕提案テーマ：「クラスのみんながもっと仲良くなるために，どのような交流をするかを考えます。」

〔ジャッジの観点〕
①仲良くなれそうな提案か。
②本当に実現できそうな提案か。

活動のポイント

提案の前にジャッジの観点を示しておくと，各自が考えながら提案を聞きやすい。提案の後，質問タイムを取り，評価をしやすいようにすることもできる。聞き手のみならず提案者の意識も向上した。最初に，「有用性」「有効性・実効性」などを意識しているので，提案者が思い付きのアイデアではなく，自分たちの学校生活に即した分かりやすい提案をすることができた。テーマは，学年や学級の実態に応じ，自分たちの生活に近く，全員が分かりやすいものを考えて取り組めるように工夫する。

1 司会者になろう

[CS との関連]〔知・技〕低・中・高「(1) イ，キ，(2) ア」，〔思・判・表〕低・中・高「A ア，イ，オ」

[準備物，教材] 話し合いの２種類とそこで議論するテーマを書いたカード

指導のねらいとポイント

多様な話し合いの目的に応じた司会者の役割を考えるエクササイズである。話し合う力の役割として最も重要な一つが司会者である。司会者がしなければならないことには，次のようなことがある。

①話し合いの成功と目標の実現
②話し合いの進行
③出席者の人間関係の調整と運用
④発言の調整と展開
⑤時間の調整と展開

これらは，話し合いの様式や目的に応じて柔軟に司会力を発揮することで実現する。そこで，エクササイズを通して，話し合いに応じた司会の仕方を意識する能力を育成する。児童期では，話し合いごとに明確に司会を調整できるまでは望まなくとも，話し合いの様式に応じて気を付けることを意識するだけでも有意義である。代表的な話し合いには，次のようなものがある。

○会議　○座談会　○交流会　○発表会　○協議会　○討論会
○報告会　○ブレーンストーミング　○パネルディスカッション
○説明会　　など

活動手順

❶「いろいろな話し合いの司会の仕方を考えよう。」と呼びかけ，エクササイズのねらいと手順を説明する。〔手順〕４～６人のグループに分かれる。各グループは，２種類の話し合いカードを取る。１つ目の種類のグループをＡチーム，２つ目の種類のグループをＢチームとする。各グループで大事なことをまとめる。ＡチームとＢチームがペアとなり，まとめた大事なことで，同じことと違ったことをまとめる。（２分）
❷話し合いの２種類（グループが２つに分かれるように数量を準備する）とそこで議論するテーマを書いたカードの中からグループで１枚ずつ取る。（当該学年で既習になっている話し合いの種類を準備する）（２分）
❸話し合いの形式に応じたテーマで，実際に進行するとしたら司会者として何が大事かを各自が箇条書きする。グループでまとめる。（６分）
❹ＡチームとＢチームがペアとなり，まとめた大事なことで，同じことと違ったことをまとめる。時間があればクラス全体で発表する。（５分）

活動のポイント

エクササイズを通して，児童は「改めて司会の大切さが分かった。」「司会にとって大事なことがたくさんあってびっくりした。」「司会は，計画を立てたり，瞬時に考え行動したりしなければならないことが分かった。」など多くのことに気付いている。また，「議題からそれないことはどの司会でも大事なこととしてあげられていた。」と書いているように，共通点と相違点のまとめも進んだ。実際には，多様な会合での司会をすることは経験も必要で難しい。だが，司会者として大事なことがあって，それらに配慮することが大事だというのは受け入れられるのである。

2 分かりにくい発言を分かりやすくしよう

[CSとの関連]〔知・技〕低・中・高「(1) イ, キ, (2) ア」,〔思・判・表〕低・中・高「A ア, イ, オ」

[準備物, 教材] 分かりにくい発言例と, 実例を書くためのワークシート

指導のねらいとポイント

話し合いをしている途中で分かりにくい発言をしている参加者があった場合に, どのように対応するかを考えるエクササイズである。司会者は, 進行をする上で「公平, 中立, 進行, 深化, つなぐ」など様々な役割をこなす必要がある。もし, 他の人に分かりにくい発言をしている発言者がいた場合にもすぐに対応できる能力を育成する。分かりにくい発言には, 次のような例がある。

〔分かりにくい発言の例〕(『誰もが付けたい説明力』から)
[目的や意図の不十分]
○聞き手への要求が分かりにくい。
○聞き手が望んでいることとすれ違っている。

[構成のガイドの不十分]
○構成が分かりにくい。 ○勝手に思いこんで議論に入っている。

[自己主張についての不十分] ○自己主張ばかりが強すぎる。

[具体化についての不十分] ○イメージがもちにくい。
○実例や実際に即して考えていない。 など

活動手順

❶「今から話し合いを上手にするためのゲームをします。これらのカードには，分かりにくい発言が書かれています。２枚カードを選びます。今までの話し合いでも似たようなことがあるという経験を思い出し，白いカードに書いてください。たくさん思い出したグループを勝ちにします。」と呼びかけ，エクササイズのねらいと手順を説明する。４～６人のグループに分かれる。（２分）

❷話し方を書いたカードを２枚取り，自分たちでもそういうことがないか経験を話し合う。（カード数はグループの２倍準備する）（６分）

話し合う内容とずれている	何を求めているのかが分からない	事実なのか，意見なのかよく分からない	聞き手が望んでいることとすれ違っている
自分で勝手に思いこんで話し始める	意見のポイントを整理せずに話している	現実にできそうにないことを言う	ひかくしているものの関係がはっきりしない
原いんと結果の関係がはっきりしない	イメージがもちにくい	質問ばかりで考えを言わない	話が長くて言いたいことが分からない

❸書いたカードをもとにクラスで発表する。（カードと同じような書き方でも，具体的になってもよい）（６分）

❹カード数とその通りだと思う内容をたくさん挙げたグループを勝ちとしてジャッジする。（１分）

A1　分かりにくい発言の解決策も具体的に考える。

活動のポイント

たくさんの発言例が書き込まれて，意欲的に取り組んでいる。初めて自分たちの話し合いを振り返って，勉強になったということの感想が多かった。

③ 話し合いの順番を考えよう

[CSとの関連]〔知・技〕低・中・高「(1) イ，キ，(2) ア」，〔思・判・表〕低・中・高「A ア，イ，オ」

[準備物，教材] 話し合いの順番に基づいて具体例を入れたカードとワークシート（カードを最終的に判断してはめ込み，順番の番号を入れる。ワークシートにプリントし，そのまま番号付けをして考えてもよい）

指導のねらいとポイント

話し合いの様式に応じたテーマに沿って，話し合いの進行の柱を立てるエクササイズである。話し合いを進行させていくためには，話し合いの多様な形式の基底となる基本プロセスを自覚し，話題が決定したら，話し合いをどのように進めるか主な柱を立てることができないといけない。司会者は，その中心となって活動する必要があり，そのような能力を育成することをねらいとする。例えば，次のような〔話し合いのプロセス〕を一般的なものとして知っておくと，いろいろな様式に応じて柱を立てることに役立つ。

〔話し合いのプロセス〕
①話題設定→②話題の説明→③話し合いの進行計画，時間配分の説明→④討論者・登壇者の説明と紹介→⑤発表・報告・主張する段階の議論→⑥質問する段階の議論→⑦反論する段階の議論→⑧途中の整理（中締め）→⑨深める議論→⑩挙手・投票などの決定行為→⑪結論や決定の確認→⑫話し合い・討論会のまとめ（総括，振り返り，今後の課題・展望）

活動手順

❶これまでの話し合いを振り返った後，「話し合いの順番を考えるゲームをしよう。」と呼びかけ，話し合いのプロセスを考えるエクササイズのねらいと手順を説明する。（2分）

❷話し合いを9つのカードに分けたワークシートを配る。各自がカードを並べ替える。（4分）

〔カードの配置内容〕

2　議題提示	6　意見2	1　司会挨拶
4　話し合い開始	9　最終確認	8　司会総括
5　進行の柱	5　意見1	7　意見3

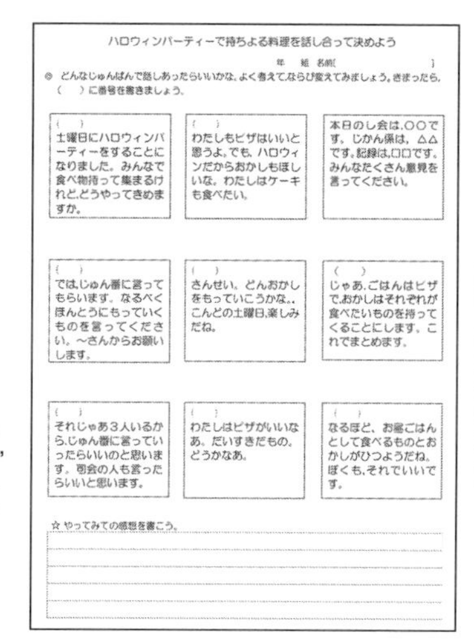

ハロウィンパーティーで持ちよる料理を話し合って決めよう

年　組　名前〔　　　　　　〕

◎ どんなじゅんばんで話しあったらいいかな。よく考えて，ならび変えてみましょう。きまったら，（　）に番号を書きましょう。

（　）土曜日にハロウィンパーティーをすることになりました。みんなで食べ物持って集まるけれど，どうやってきめますか。	（　）わたしもピザはいいと思うよ。でも，ハロウィンだからおかしもほしいな。わたしはケーキも食べたい。	本日のし会は，○○です。じかん係は，△△です。記録は，□□です。みんなたくさん意見を言ってください。
（　）では，じゅん番に言ってもらいます。なるべくほんとうにもっていくものを言ってください。～さんからお願いします。	（　）さんせい。どんおかしをもっていこうかな。。こんどの土曜日，楽しみだね。	（　）じゃあ，ごはんはピザで，おかしはそれぞれが食べたいものを持ってくることにします。これでまとめます。
（　）それじゃあ3人いるから，じゅん番に言っていったらいいのと思います。司会の人も言ったらいいと思います。	（　）わたしはピザがいいなあ。だいすきだもの。どうかなあ。	（　）なるほど，お昼ごはんとして食べるものとおかしがひつようだね。ぼくも，それでいいです。

☆ やってみての感想を書こう。

❸各グループでまとめる。（4分）

❹教師が正解を伝える。番号が合ったら1点，ビンゴになったらボーナス点2点，合計点で一番のグループを決める。（5分）

A1　話し合いのプロセスをそのままカードにして順序付ける。

A2　フローチャートにプロセスを書く。

活動のポイント

指導者が，「プロセスを自覚していないことが今回のエクササイズをやってみてよくわかった。」と総括するように，自覚していないことが多いので効果的であることが分かる。「話を一度まとめたり，確認したりすることも大切なことがわかった。」といった児童もいた。

④ 話し合いが行き詰まった！　どうしよう

[CS との関連]〔知・技〕低・中・高「(1) イ，キ，(2) ア」，〔思・判・表〕低・中・高「A ア，イ，オ」

[準備物，教材]　話し合いで議論が出ないで困ったときの様子を書いたカードを２枚取る。（カード数はグループの２倍）

指導のねらいとポイント

話し合いをしていて，議論が行き詰まったらどうしたらよいかを考えるエクササイズである。議論が行き詰まったときには，司会者は，大きな役割を果たすことになる。いかに納得させながら前へ進ませる進行をするか考える。参加者は協力しながら時間内に結論が見いだせるようにする。このようなときの司会力と参加者の話し合う能力を育成する。話し合いの troubleshooting（トラブルシューティング＝トラブル解決作業）の一つである。

〔議論が高まらず行き詰まるときを知り，それらを解決する場面〕
○結論や目的の方向が見えない。　○全体の構成が見えにくい。
○位置が分からない。　○自己主張が強すぎて妥協点が見えない。
○発言しても受け入れない。　○対立点がはっきりしない。
○論点を絞らない。　○解決方法を見いだせない。
○人の話をよく聞いていない。　○具体的な提案を出さない。
○実際には役立たない提案になっている。
○限られた範囲や分量に合わせて内容を絞っていない。
○議論がいろいろなことに及んで一つにまとまらない。
○本質的なことと枝葉末節なこととを区別していない。　など

活動手順

❶「話し合いで行き詰まったときどうしたらよいかを考えるゲームをしよう。」と呼びかけ，エクササイズのねらいと手順を説明する。経験を思い出してグループでまとめ，一番よいアイデアを出したグループを決める。４～６人のグループに分かれる。（２分）
❷話し合いで議論が出ないで困ったときの様子を書いたカードを２枚取る（カード数はグループの２倍）。各グループで，話し合いで議論が出なくて困ったときを思い出し，整理をして解決策をまとめる。（６分）
❸まとめた解決策をグループごとに発表する。（４分）
❹どのグループがよいかを全員の投票でジャッジする。（３分）

〔ジャッジ〕
①数が多い…１つのアイデア数ごとに１点
②場面と解決方法が具体的…アイデア数を総合して３点

A1　１つ解決したらまた１枚めくって解決法を考える。

活動のポイント

児童は，「こういうときはどうすればいいのかということがよくわかりました。楽しかった。」と感想を述べている。トラブルの場面を限定して対処法を考えると考えやすいことが分かる。実際には，今このような場面に陥っているという認識をすることが重要だ。司会者が，その認識を参加者と共有し，解決する方向に進行させていくことになる。発言者への注意や協力を求めているか，全体の論点を明確にしているか，解決策を具体的に構想しているかなど，解決へ向かう手立てを講じることを指導する。司会力の重要性に気付かせるようにしたい。

5 話し合いで対立したらどうする？

[CSとの関連]〔知・技〕低・中・高「(1) イ，キ」，〔思・判・表〕低・中・高「Aア，イ，オ」

[準備物，教材] 対立しそうなテーマを書いたカード

指導のねらいとポイント

話し合いで対立したときにはどう解決したらよいかを考えるエクササイズである。対立している相違点を明確にし，議論を深めるようにするとともに，譲歩案，代替案，妥協案を出すなどして結論へ導く解決方法を具体に即して考える能力を育成する。話し合いの troubleshooting の一つである。

(1)対立するときは，個人的な問題が理由になる場合もある。他者の話を聞かない，自己主張で人の考えにかぶせてくる，順番に決めていったことを蒸し返す，相手が正しいと思ってもこだわって考えを変えないなど。

(2)司会者の進行が滞っていることが理由となることがある。同じレベルの議論を重ねているのに対処せず，時間を無駄に費やしている場合などである。時間内に収める自覚が弱いと対立が激化したり，収拾が付かなくなることもある。どうしても発言力の強い児童に誘導されることも起こる。せっかく話し合っているので，と考えて放置することもよくある。

活動手順

❶「話し合いで対立したときにはどう解決したらよいかを考えるエクササイズをしよう。」と呼びかけ，ねらいと手順を説明する。（２分）

❷対立しそうな話題を各カードに１つ書き，グループ数机上に出す。各グループが１枚カードを引く。（各グループが２つのテーマに分かれて話し合う）（２分）

〔対立しそうな話題例〕当該学年の興味が高い話題を選ぶ。
○朝食はパンか，ご飯か。 ○漫画（アニメ）は～がいい。
○教室に漫画は持ってこない。 ○好きな動物とその理由は～。
○教科は～が好きだ。そのわけは～。
○学校図書館では～を読むのがいい。だって～。
○ランドセルは軽い方がいい，おしゃれなら重くてもいい。 など

〔話題説明例〕「みんなでキャンプに行きます。みんなで話し合って，朝食を パンにするか・ご飯にするか を決めようと思いましたが，なかなか決まりませんでした。そこで，多数決で決めることにしました。しかし，どちらも14票ずつで決められませんでした。多数決で決める以外に，みんなが納得できるよい決め方はありませんか。」

❸グループでどのようにしたらよいか話し合い，解決方法を考え，結論を決める。（7分）
❹同じカードを選んだグループ同士で，何が対立しているのか，どのように打開したのか，その結論を説明し合う。（4分）

活動のポイント

各グループでは，「理由をしっかり言って納得できる方に決める。」「順番にする。」などがすぐに出たので，さらに質疑応答して深めるように指示した。「どっちも食べられるから。」「どっちの考えも大切にしているから。」といった回答が出た。このように，対立したとき，妥協点をどのように見いだすかを議論していくのである。個人的な問題が理由になる場合も，児童は自分たちの意見に固執せず，よい考えは人の考えでもきちんと受け入れる。司会者の進行が滞っている場合には中締めをし，対立した論点から２つの選択肢に絞って議論を深めると歩み寄りやすい。

⑥ 時間内にまとめよう

[CS との関連]〔知・技〕低・中・高「(1) イ，キ，(2) ア」，〔思・判・表〕低・中・高「A ア，イ，オ」

[準備物，教材] 考えを箇条書きするワークシート

指導のねらいとポイント

時間内にまとまらないときに結論へ進行していくエクササイズである。話し合いの troubleshooting の一つである。多様な様式の話し合いを進行させていくとき，時間制約に対応することが重要な問題として上がってくる。解決できないから，対立して困っているから，議論が多く出てまとまらないからなどの場面で，時間内に収めていく工夫ができる能力を育成する。

〔時間内にまとめるときの方法例〕

①議論を深める時間設定を再考し，設定し直す。
②見通しをもって，だらだら議論しない。
③済んだことと済んでないこと，決まったことと決まっていないことを整理する。
④議論の途中に中締めとして論点や提案を２つに絞り結論へもっていく。
⑤参加者が多く，みんなが発言する時間がない場合には，パネリスト以外に，フロアーから最初に発言してもらう「指定討論者」を決めて意見を発表してもらう。
⑥人数や発言時間を限定する。

活動手順

❶「話し合いをしていて，時間がなくなって困ったことがあるでしょう。こ

で時間内にまとめる方法を考えるエクササイズをしましょう。」と呼びかけ，ねらいと手順を説明する。（２分）

❷話し合いが時間内にまとまらないとき，「もう時間がないから」ではなく，納得いくように話し合う方法を２分でまとめる。各自が箇条書きする。（２分）

❸グループでできる限り数多く箇条書きをしてまとめる。（５分）

❹クラスでグループが発表する。数量と内容をもとにジャッジする。（６分）

〔ジャッジ〕
①数量的に見る…方法１つで１点。（明らかに外れたものは除外）
②内容から見る…〔時間内にまとめるときの方法例〕などの方法についての記述があれば，１つで２点。

活動のポイント

箇条書きをするのは難しそうに見えるが，実際には，児童から次のようなことがすぐに出てきた。

〔時間内にまとめるときの方法例ー以外の例〕

○一人一人が役割を果たす。 ○司会がはっきりとスムーズに進める。
○短くまとめる。 ○積極的に参加する。 ○議題に沿って話し合う。
○自分の意見を事前に考えておく。 ○全員が１回は発表して参加する。 ○時間をこまめに伝える。 ○細かく時間を決めて進める。
○内容をすっきりさせる。 ○反対意見がないかを聞く。

知識を増やしていくのには，エクササイズを重ねることもできる。知識が安定してきたら，実際の話し合いのときに，またはそのビデオや記録をもとにどうしたらよいかを議論することでエクササイズを生かすことができる。

7 幸せになろう

[CS との関連]〔知・技〕低・中・高「(1) イ，オ，キ，(2) ア，イ」，〔思・判・表〕低・中・高「Aア，イ，オ」

[準備物，教材]「Q チャート」を中心に作ったワークシート

指導のねらいとポイント

全員にとって幸せになるアイデアを具体化するエクササイズである。聞き手の確実な理解や説得のためには，提案を具体的にする必要がある。事実，事例，実物，絵や写真などの映像，図表・グラフなどを活用して具体的に説明し，話し合いをスムーズに進め，よい結論に導く能力を育成する。高学年なら「提案を具体化しようゲーム」と言ってもよい。ここでは，他の人を幸せにするためのプランをどのように具体化すればよいか，質問の基本となる5W1Hを表形式にした「Q チャート」を活用する活動を行う。

〔Qチャート〕

	だれが Who	なにを What	いつ When	どこで Where	なぜ Why	どのように How
仲良くなる方法	○○○	○○○	○○○	○○○	○○○	○○○

活動手順

❶「もっと仲良くなる方法を考えよう。」と呼びかけ，エクササイズのねらいと手順を説明する。他の人に喜んでもらうプランを立てるために，「Q チャート」を使って，「幸せエクササイズ」をする。幸せとは，仲良くな

る方法，クリスマスの過ごし方，正月の過ごし方，プレゼントを考える，入学式や進級したクラスで友達を見つける方法など，友達と一緒に過ごしお互いに幸せになる方法など指す。（２分）

❷「Ｑチャート」を使って，クラスの中で仲良くなる方法をグループでプランニングする。（５分）

❸クラスでグループの考えを紙に書いたものを示して発表する。（５分）

❹仲良くなれそうだと思う度合いで，どのグループが一番よい提案だったかを全員でジャッジする。（２分）

A1 テーマを変えてクラスでプレゼンしてジャッジする。

活動のポイント

「Ｑチャート」を使うことで，どのように話し合いを進めるのかをどの児童もイメージでき，どのグループも制限時間内で考えをまとめることができた。ジャッジするということでも意欲を喚起する。「提案」を具体化するために，どのような観点を積み上げればよいかが重要となる。例えば，５Ｗ１Ｈの問いかけに対し，まず解答する。そうすることで，さらに，それぞれで具体的な事実や事例，実物などを深める作業を広げていくことになる。エクササイズを繰り返し，何度も問いかけを自らにしながら解答を探すことで具体化が進むことになる。理由を何度も聞くエクササイズのように，同じ質問を繰り返すことでも深められる。

8 考えをはっきりさせよう

[CS との関連]〔知・技〕低・中・高「(1) ア，オ」，〔思・判・表〕低・中・高「Aア」

[準備物，教材] ワークシート

指導のねらいとポイント

協議を高次なものにするために，使用する言葉の概念を明確にしていくエクササイズである。よりよい協議を展開するために，お互いが依拠している言葉や考えが明確でないとすれ違うことにもなる。そこで，話し合いの話題に応じてできる限り大事な言葉や考え，主張を，明確かつ具体的に捉えて使用する能力を育成する。例として，「高い」という言葉を利用する。この概念に合う言葉を多様に検討することを通して，協議のための前提となる重要な言葉を明確に使うようにする。

構造的	高さ	高層ビル
経済的	部屋料金	値段が高い
空間的	立地	高地建築
空間的・経済的	立地	土地代が高い
文化的・歴史的	格式，格調	格調が高い
文化的・歴史的	希少価値	希少価値が高い
機能的	サービス	品質が高い

考えるときには，シンキングチャートの一つであるバブルチャートを使用する。例えば，「高い」については，上のような観点で何が高くなるか思い浮かべることができる。思考をどのような観点から巡らすか，その具体的な下位概念は，さらに実際の事実ではどうかなどによって概念の内包と外延を具体化していくことができる。複数の単語で練習し，具体化することの深さを感じ取らせる。その後，一定の文脈をもたせて，意見や提案の具体化を図る方向で展開するようにする。

活動手順

❶「考えをはっきりさせて話し合いを深めよう。」と呼びかけ，エクササイズのねらいと手順を説明する。（2分）

〔ジャッジの説明〕
①できる限りはっきりさせるために考えを出したか。
②考えの内容が納得できるか。

❷ワークシートを挟んだままボードを配る。グループで「『高い』という言葉で表されるものには何があるか」を検討する。バブルチャートを用いて多く思い浮かべる。（6分）

〔バブルチャート〕

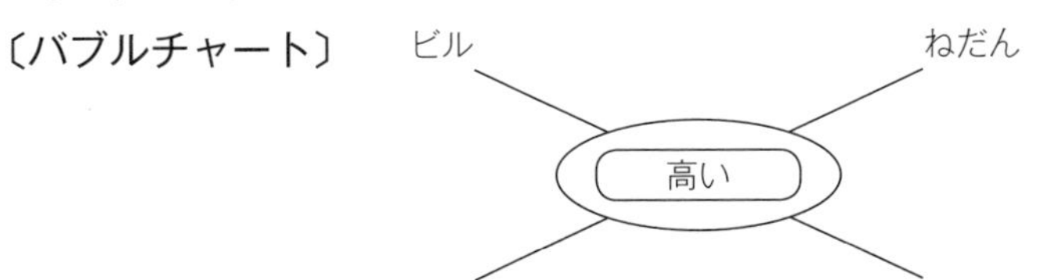

❸クラスでグループごとに発表する。全員でジャッジする。（6分）

A1 他の言葉で具体化を図る。

A2 2・3文で示した課題に応じた意見や提案を聞き，「例えば」と問いかけ，バブルチャートで具体化する。

活動のポイント

「高い」という言葉について，児童からたくさんの解答が出た。想定以上にボキャブラリーがあることが分かった。時間も一語ではそんなに時間がかからないかもしれないので，学年によっては，3語程度でもよい。バブルチャートを活用しているので「考えやすかった」と総括している。このチャートは，他の活動場面にも応用が利くものである。

❾ アイデアを大事にしながら複数でまとめよう

［CSとの関連］〔知・技〕低・中・高「(1) イ，キ，(2) ア」，〔思・判・表〕低・中・高「A ア，イ，オ」

［準備物，教材］ 考えを書くワークシート

指導のねらいとポイント

できる限り多くのアイデアを出すことと，それらを集約して複数のアイデアとしてまとめるエクササイズである。具体的なレベルで多くの考えを具体化するためにどのような点から考えればよいのか，また，それらを尊重しながら複数に考えをまとめる能力を育成する。複数にするものが，同等な場合や軽重を付けて順位付ける場合などもある。最初は，解決すべき話題を身近なものにし，多くのアイデアを出しやすくする。その上で，多く出た項目の関連を問い，対等か軽重があるか考え，5つ程度の複数で決着させることを学ぶようにする。アイデアを出す場合にも，複数に絞る場合にも，理由付けを大事にする。

活動手順

❶「（ピザの写真を見せ，）皆さん，今日はピザのトッピングを何にすればいいのかについて考えます。一人一人で考える前に，みんなで決めて確認しておきたいことがありますか。

〔決めておくことの例〕
〔だれのために〕…先生方に
〔ピザのソースは〕…トマトソース

さて，このピザにはどんなトッピングが合うかな。トッピングの数は５品。このクラスの人気№１ピザを作りたいので，班から出てきた意見の中で多いものを４つ優先的に選ぶことにしましょう。あとの１つは友達の意見を聞いて，なるほどって納得したものを投票してもらい，決めることにしましょう。」このようにエクササイズのねらいと手順を説明する。４人グループに分かれる。（２分）

❷各自で，入れたいトッピングを５つ考える。（２分）
❸グループで考えを出し合い，グループの意見として５つにまとめる。（５分）
❹クラスでグループの考えを発表し，どのアイデアがよいかを決定する。（６分）

A1　最終的に決定したものの途中のアイデアをランキングする。

活動のポイント

決定には，１つずつ決定していく方法と，まとめて総合する方法とが考えられる。どちらの方法にしても，賛成と反対を受け入れながら検討を重ね決定していくプロセスを学ぶようにする。決定では，目的の考慮をするように促すようにする。

グループからクラスワークに発展させるときには，各グループのプレゼンテーションをして，グループのチームワークの成長も図るとよいだろう。児童も，「今日学んだことは，自分の意見だけを通すのではなく，人の意見も聞きながら上手くまとめるということです。話し合いを通して思ったことは，自分の意見だけじゃなくて，みんなの意見も尊重するといいことです。」と，グループ内，クラス内でまとめることの意義も伝わっているようである。

⑩ 付箋を使ってブレーンストーミングしよう

[CSとの関連]〔知・技〕低・中・高「(1) イ，キ，(2) ア」，〔思・判・表〕低・中・高「A ア，イ，オ」

[準備物，教材] 付箋とホワイトボード

指導のねらいとポイント

集団思考による会議方式の一つであるbrainstorming法（BS法）を経験するエクササイズである。ブレーンストーミングは，アイデアを多く出し，それらを整理することで多く思い浮かべる，問題を解決する，新しい考えを創造する方法として広く活用されている。ブレーンストーミングは，考案者（アレックス・F・オズボーン）によって注意すべき「Two principles 2つの原理」と「four general rules 4つの原則」がある。

〔2つの原理〕
①メンバーの社会的抑制を減少させるようにする。
②新しいアイデアを生み出すことを重視する。
〔4つの原理〕
①質より量を求め，アイデアを多く出すことを優先する。
②善悪，好悪，意義・価値などの判断や結論を急がない。
③発想が豊かで奇抜なもの，ユニークなもの，斬新なものも含める。
④一人の発言に連想や類推で付け加えたり変化させたりしてもよい。

考える契機となる大・小，前・後，早い・遅いといった誘導語（Guide word）を用いることもある。エクササイズでは，目的に沿って多様な考えの契機やアイデアが時間内に出る方法を身に付けることを優先し，実際にアイデアを豊富にする。

活動手順

❶「出されたテーマについて，自由にアイデアを出し合い，グループで整理し，出されたアイデアについてクラスでジャッジしよう。」と呼びかけ，エクササイズのねらいと手順を説明する。ブレーンストーミングについての説明をする。４人グループに分かれる。（２分）

○友達が出したアイデアは，批判しない。すべて受け入れるようにする。
○思い付いたアイデアは，ためらわず，迷わず出す。
○アイデアは，考え込まず，とにかく書く。
○アイデアに刺激されて，いろいろ考える。

❷司会団（または教師）がテーマや時間を提示する。（２分）
〔例〕・図書館を利用する回数を20%上げるには。
・下級生・上級生と遊ぶときは何がいいか。

❸グループリーダーが，メンバーに付箋紙を５枚ずつ配る。余った付箋紙は，自由に取れるように置いておく。
各自が，自分のアイデアを付箋紙に書きためる。（３分）

❹グループで，ホワイトボード上で付箋紙を操作しながら整理する。（６分）

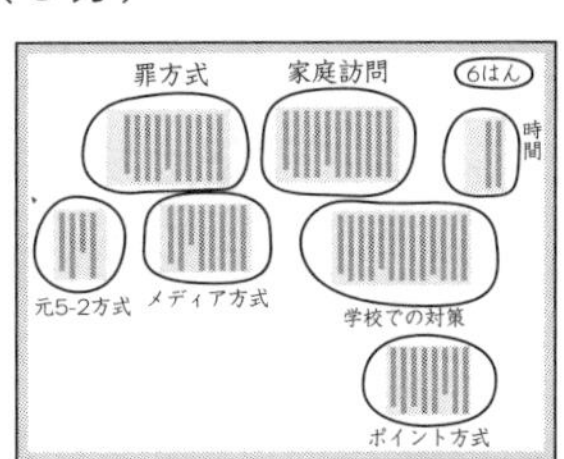

❺ホワイトボードを黒板に貼り出し，クラスで上手に活動したグループ（アイデア数と整理した内容から）をジャッジする。（４分）

活動のポイント

テーマは，シンプルで具体的（数値を含むのもよい），かつ参加者の実生活に合った考えを出しやすいものを示す。どんな意見も批判しないことがポイントにあった。感想から，「自分の想像もしないような発想ばかりですごいと思った。」と効果的であったことが分かる。

11 みんなで納得！　桃太郎を助けよう

[CSとの関連]〔知・技〕低・中・高「(1) カ，キ，(2) ア」,〔思・判・表〕低・中・高「A ア，イ，オ」

[準備物，教材] ワークシート

指導のねらいとポイント

桃太郎が鬼退治に持っていくのに何がいいか悩んでいるので，グループで考えをまとめてアドバイスするというエクササイズである。複数のアイデアを大事にすること，理由付けが明確であること，全員が納得できるようにしてまとめること，ができるような話し合いの能力を育成する。アイデアのユニークさと説得力を鍵として，全員が納得するように考えをまとめるようにする。

活動手順

❶「今日は，一人一人の考えを出し合い，グループや全体で話し合って一つにまとめてもらいたいと思います。
桃太郎が鬼退治に持っていくのに何がいいか悩んでいます。グループで考えをまとめてアドバイスしよう。」と呼びかけ，エクササイズのねらいと手順を説明する。（2分）

○各自で持っていくとよいものと，そのわけをカードにまとめる。 ○グループで考えを出し合い，一つにまとめる。 ○各グループの考えを発表して，どのアイデアがよいかを決定する。

❷桃太郎の話のあらすじを確かめる。グループでアイデアを一つにまとめる。6分間で協議する。持っていくものと理由をカードに書く。（6分）
❸各グループの考えを発表し，一つにどのようにまとめていったか，その理由とともに全員で持っていくものをまとめる。（7分）

活動のポイント

グループ協議の実際では，「節分豆を持っていくといいと思います。節分には豆をまいて鬼を追い払います。鬼は豆が嫌いだと思うので，豆にしました。」といったように，アイデアは多く出た。ただ，意欲的であるがゆえに活発に発表したが，それを深めることはあまりできていない。理由を付けても，「そのアイデアは具体的にはどのようなものか」「このような場合にはどうするのか」「簡単には役立たないこともあるのでは」など，議論をして納得いくようにして深めるとよいだろう。特に，簡単に多数決を取るとつまらなくなることに注意したい。

クラスの話し合いでは，もともとは「クラスで一人しか思い付かなかったアイデア」なのに，全員が効果的だと認めたから選んだというものになった。多くの人が納得できるかどうかを評価基準にしているところがよかったと言える。児童も「いろいろな考えが出たし，自分もいろいろなことを考えられた。」「私は違う意見だったけれど，友達のアイデアがとてもいいと思った。」「何でも多数決や力ずくで決めないで，話し合うことが大切だと思った。」と，認めようとする姿勢が伸びたことはよい結果である。話し合いで終始笑顔が見られたのもそのためだろう。

12 何でもランキング

[CS との関連]〔知・技〕低・中・高「(1) キ, (2) ア」,〔思・判・表〕低・中・高「Aア, イ, オ」

[準備物, 教材] アイデアを書くワークシート

指導のねらいとポイント

思い付いた考えを順位付け，重要度に応じてランキングして整理する話し合いのエクササイズである。思い浮かべた考えをどのように整理するかの一つとして，テーマに沿ってランキングする話し合いを行うことで，それらの順位付けの理由や，事例や，考えとして妥当かどうかを検討する能力が高められる。同時に，ランキングを決定することが協議の結論を促し，協議力を育成することにつながる。

活動手順

❶「こんなことができるようになったらいいなと思うものを考えてランキングしよう。」と呼びかけ，エクササイズのねらいと手順を説明する。「みんなで今日のエクササイズ名を言おう！『こんなパワーがあったらいいな！ランキングをしよう！』。これは，思い付いたアイデアを順序よく並べてなぜそれがよいのかをみんなで決めるものです。」(2分)

❷こんなことができるようになったらいいなと思う特別なパワー（能力）を考えて各自がカード（付箋）に書く。(3分)

❸グループで各カードを取り上げ，話し合いながら上位1～3位にランキングする。(6分)

❹クラスで各グループの結果を発表する。どのグループのまとめ方が納得しやすいかでジャッジする。司会団がグループ番号を言ったら挙手する。(4分)

〔ワークシート例〕

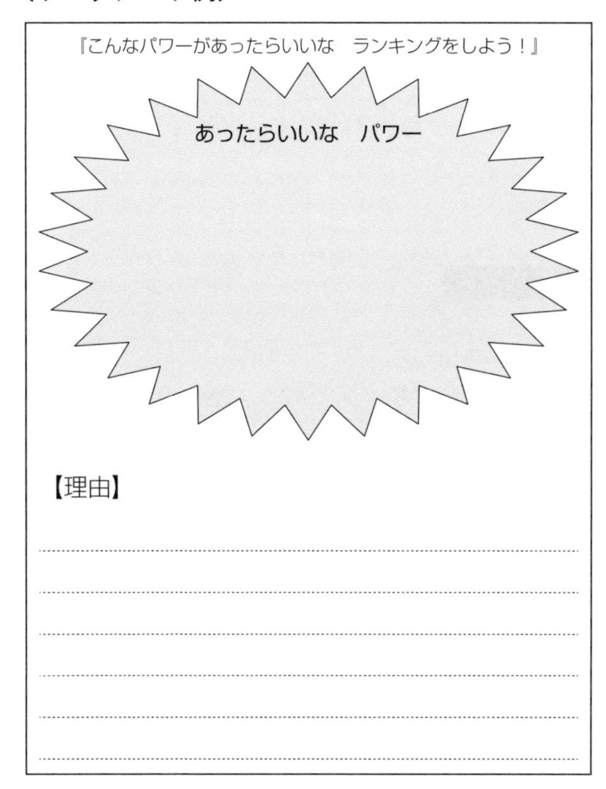

A1 エレベーターに乗って，どこについてほしいかを決める。

A2 卵を使った料理は，どれが一番好きかを決める。

活動のポイント

各自が考えた後，グループでランキングしていくのでクラスでは納得しやすかった。ランキングの理由付けは，学年によっては説明力が必要となる。考えたパワーが自分たちのためにならないのではないかという児童もいて，折り合いをつけていく協議も必要になり，活発な議論となった。

⑬ 座標軸を動かそう

[CS との関連]〔知・技〕低・中・高「(1) オ，キ，(2) ア」，〔思・判・表〕低・中・高「A ア，イ，オ」

[準備物，教材] ワークシート

指導のねらいとポイント

話し合いの途中には多くのアイデアが出る。それらの重要度を判断する方法を身に付けるためのエクササイズである。話し合いによって出されたアイデアを重要度に応じて整理する能力を育成する。Thinking chart として座標軸を活用する。重要度を検討するために基準を設定し，座標軸を利用して位置付け直すことで判定する技能を習得する。

活動手順

❶「課題に応じ，たくさんのアイデアを思い浮かべて，何が大事かを決めるエクササイズをしましょう。」と呼びかけ，ねらいと手順を説明する。座標軸を用いた分類の仕方を知識として教える。グループに分かれる。（2分）

○グループで出たアイデアに優先順位を付け，上位５つのアイデアを座標軸に位置付ける。なぜ，座標軸の中のその場所に位置付けたのか理由をまとめる。

❷グループでテーマに即したアイデアを出し合って，上位５個を決める。（アイデアにランキング番号を付けることもよい）
〔テーマ例〕「こんな人が中学校に求められる」（3分）

❸グループで重要度から必要な基準を設定して，アイデアを位置付けながら最終的な場所を判断する。なぜそのようにしたのかという理由をまとめる。（6分）

❹各グループでの結論を理由とともにクラスで発表する。結論と理由の納得度からジャッジする。（4分）
（実物投影機やデジタルカメラを利用し，大型テレビに座標軸を映し出すとよい）

〔ワークシート例〕

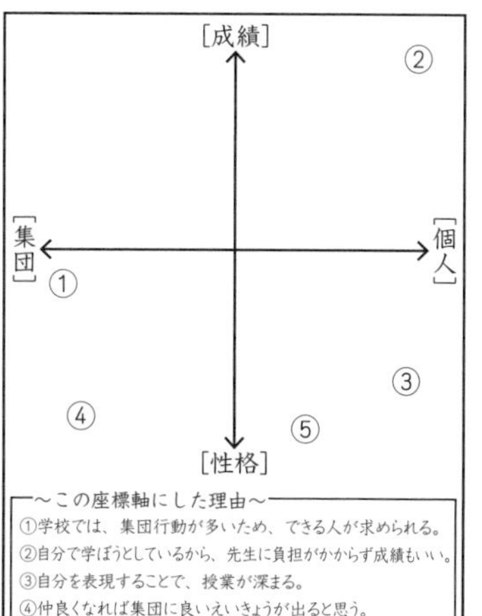

〔ジャッジの方法〕
起立して意思表明。点数カードを掲げ審判団がジャッジ（点数は納得度に応じて0～3点）。など

活動のポイント

各グループで座標軸に位置付ける5つのアイデアは，それぞれ異なるものであるが，エクササイズに慣れるために，各グループの考えを整理して，同じ5つで座標軸をすることもできる。どの班も同じ5つのアイデアを座標軸に位置付けているので，「どの場所に位置付けたか（結論）」「なぜその場所にしたのか（理由）」などが分かりやすくなる。各グループでアイデアが違う場合，自分たちが考えなかったアイデアを知り，多様な視点でテーマを見つめ直すことができる。なお，座標軸の基準も，慣れてきたら児童に基準を決めさせるのもよいだろう。

⑭ プラス面とマイナス面，どちらが多い？

[CS との関連]〔知・技〕低・中・高「(1) キ，(2) ア」，〔思・判・表〕低・中・高「Aア，イ，オ」

[準備物，教材] プラス面とマイナス面を考えるワークシート

指導のねらいとポイント

自分の意見や提案など考えを多く出したり，最終判断をするときに，プラス面とマイナス面の両面から総合する方法を学ぶエクササイズである。自分の意見や提案などには，ややもすると多くの前提，先入見，偏見などが含まれており，自由に連想することを妨げられることが多い。特に，プラス面ばかりに目がいき，バランスを欠いた議論をすることも多い。そこで，できる限り多くのプラス面とマイナス面を列挙し，比較検討することを習得し，話し合う能力を高めることをねらいとする。

活動手順

❶「意見や提案をまとめるのに，思い付いたものがどれほどよいか，プラス面とマイナス面から検討し，多く考えを出した方を勝ちとするエクササイズをしましょう。」と呼びかけ，エクササイズのねらいと手順を説明する。（2分）

❷「A駅からB駅へ（東京から大阪へ，など）行くのに，新幹線と飛行機のどちらがよいかをグループで考えるというテーマで議論します。プラス面とマイナス面をできる限り考えてください。」各自で付箋に書く。（3分）

❸グループで一覧にしてまとめる。（6分）

❹各グループで考えたプラス面・マイナス面をクラスで発表する。時間内にどれだけ多くの面から出したかでジャッジする。プラス面・マイナス面，両面から多く出ている方がよい。点数法を採用するなら，アイデア2点，

プラス面とマイナス面とでセットして１セットが２点追加点となる。合計で勝ちとする。（４分）
〔例〕第１グループプラス面４アイデア，マイナス面２アイデアの場合，６アイデア×２点＝12点，セットとして２セットあるので２×２点＝４点，合計16点。

〔ワークシート例〕

〔テーマ〕
東京から大阪へ行くのに，新幹線と飛行機のどちらがいいでしょう。
グループで考えを出し合ってまとめましょう。
★新幹線のプラス面とマイナス面
★飛行機のプラス面とマイナス面

方法	＋プラス面	－マイナス面
新幹線		
飛行機		

活動のポイント

ジャッジも取り入れ，時間制限の中で多くのプラス面とマイナス面を思い付いた方を勝ちとし，点数化することで楽しさを増すようにする。付箋は，プラス面を赤，マイナス面を青とするなどの工夫が考えられる。時間があれば，考えに質問をするなどの時間設定も可能だろう。

⑮ プランBできりぬけよう

[CS との関連]〔知・技〕低・中・高「(2) ア」中・高「(2) イ」,〔思・判・表〕低・中・高「Aア，イ，オ」

[準備物，教材] プロセスを枠に書き込めるようにしたワークシート

指導のねらいとポイント

予定していたプロセスの途中で困難があったとき，複線で対応するプロセスを考案しておく「プランB作り」の話し合いをするエクササイズである。何かを制作する，行程を考える，意見をまとめるなど多様な場面において，予定通りいかない場合にも柔軟に対応できるように話し合う能力を育成する。「プランB」は，本来計画していた手順，方法，作戦（プランA）が予定通り進行しなかった場合にどうするか，第二の手段，次善策，代替案などとして考えておく2つ目のプランである。プロセスの途中で不都合が起こった場合の複線，最終部分での評価を踏まえた複線などを考えておく必要がある。

活動手順

❶「いろいろなアイデアを考えて，もし予定通り上手に進められない場合にはどうするかを考えておくエクササイズをしよう。」と呼びかけ，ねらいと手順を説明する。「4～6人グループに分かれ，上手なグループをジャッジします。」（1分）

❷司会団が，テーマ「子ども連れの外国人観光客に，市内のお楽しみプランを提案する」ことを伝える。ワークシートをグループに1枚ずつ渡す。使い方の説明をする。（2分）

〔書き込む条件〕
①子どもも楽しめる3つ以上の場所の提案をすること。

②距離や乗り換えなども考慮し，出発駅から出かける場所，休憩所など行く順序が分かるプロセスを考えること。
③お昼に食事ができる場所を入れること。
④「雨だったら」「時間通りに行けなかったら」「臨時休業だったら」など，予定通り観光できない場合の別案をプロセスの中に線で結んで書き込むこと。

〔ワークシート例〕

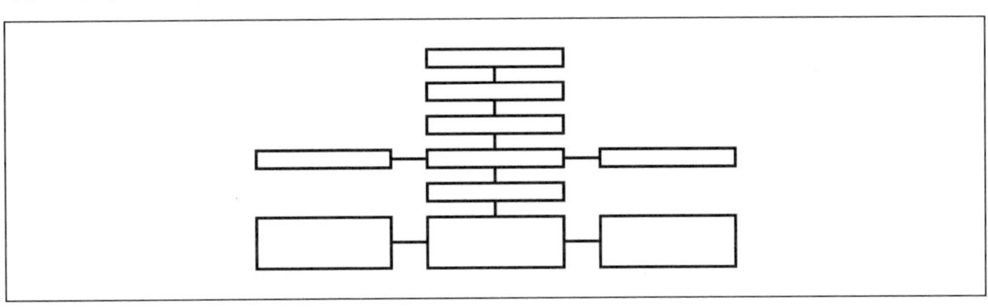

❸グループでアイデアを考える。（5分）

❹グループのアイデアをクラスで発表する。一番よかったと思うグループを，自分のグループ以外で挙手して全員でジャッジする。（5分）

〔ジャッジ〕
①プロセスが本当に可能か。 ②他の案が考えられているか。

活動のポイント

児童は，プランBを考える際には，地理的な面やおいしさなど内容面から検討していた。活動は，「別案を考えるのが難しかったけれど，いろいろな場合を想定して案を考えるのはおもしろかった。」と書いている。ジャッジは，審判団による方法，案に対し1～5点の点数を付ける方法なども考えられる。

⑯ パネルディスカッションで話し合おう

[CSとの関連]〔知・技〕低・中・高「(1) イ，キ，(2) ア」，〔思・判・表〕低・中・高「A ア，イ，オ」

[準備物，教材] 考えをまとめるワークシート

指導のねらいとポイント

パネルディスカッションのパネリストになり活動をするエクササイズである。公開討論会の形式として活用されるパネルディスカッション形式を知ったり，慣れたりし，公開討論会の能力を育成する。低学年でも高学年でも楽しめるように，話し合う内容を楽しいものや簡単なものにしている。形式を覚える低学年から本格的な討論へ，非公開討論から公開討論へ，立場の違いを越えて議論することができるように経験する。パネリストは，代表して議論するので，調べ学習をして臨むようにするとよい。

Panel Discussion は，公開討論形式の一つである。テーマについて，コーディネーター（司会者）と異なる意見を持った複数（4～5人程度）のパネリスト（討論者）によって公開で討論する。

①コーディネーターの進行説明。
②第１ラウンド：パネリストの討論者が順番に意見を述べる。
③お互いに質問や意見を述べ合う。
④会場からの質問や意見にも応じる。
⑤第２ラウンド：パネリストが順番に意見を述べる。
⑥コーディネーターが結論をまとめ，今後の展望をした後，最後の挨拶をする。

活動手順

❶「たくさんの人が話し合うとき，パネリストという代表の人が前に出て，他の人は，話し合いを聞いて質問したりしながら話し合いに参加する方法があります。皆さんでこのやり方をやってみましょう。」と呼びかけ，エクササイズのねらいと手順を説明する。（1分）

（『アクティブ・ラーニングをサポートする教室掲示ポスター＆言語能力アップシート』（p.89）の形式ポスター参照）

❷パネルディスカッションと論者であるパネリストの方法を知る。クラス，２～３チームに分かれて同時に進める。パネリストとフロアを決める。（2分）

❸テーマ「パンダが来て人気があり，他の動物たちが少し寂しくしているので，お客さんと交流できるパネルディスカッションをしようということにします。」各動物になり，参加者ともに，自分の意見をまとめる。（2分）

❹コーディネーター（司会者）は，テーマの確認，パネリストの紹介を経て，ライオン，虎，ヒョウなど各動物に意見を求める。パネリストは，その動物らしさを生かして意見を2文で言う。フロアーに疑問や意見を求める。（8分）

❺コーディネーターが結論をまとめる。（2分）

A1 水族館で，イルカショーの飼育員の立場で考える。

A2 順番にやって審判団が見てジャッジメント。

活動のポイント

パネルディスカッションに慣れているクラスなら，テーマやパネリストなどの決定も任せられる。パネリスト同士の議論も深めるとよい。

⑰ 賛成と反対は，はっきり言おう

[CS との関連]〔知・技〕低・中・高「(1) イ，キ，(2) ア」，〔思・判・表〕低・中・高「A ア，イ，オ」

[準備物，教材] ワークシート

指導のねらいとポイント

発表された意見に対して，論点や対立点を明確にし，賛成・反対を明確に決め，自分の意見をすぐに伝えるエクササイズである。話し合いは，各自が自分の立場を明確にしないとステップが不明確になる。堂々巡りしたり，高次な結論や納得いく結論が得られなかったりする。そこで，賛成・反対を明確にする能力育成をする。発表に対する意見には，いろいろな意見がある。

○全面的賛成意見　○部分的賛成意見　○理解を示す意見 ○疑問や質問を多く含む意見　○否定的意見　○反対意見 ○譲歩案，代替案，妥協案を示す意見

活動手順

❶「意見を聞いて自分の考えは何ですか。賛成？　反対？　それともどの程度の賛成，反対かな，などを考えてから話し合うエクササイズをしましょう。」と呼びかけ，ねらいと手順を説明する。（2分）

❷司会団が，1学期末に書いた意見文（教科書や資料から選んだ意見文でもよい）の中から1つ選び，全体の前で読む。聞き手は，その意見文を聞いて，最初に賛成か反対を決め，挙手をした結果を円グラフで確認する。（2分）

❸次に，机上に青，緑，黄，赤のカードを置く。全員，もう一度考え直して，

青～赤の札の意味に合ったカードを取って立場を明確にする。（２分）

〔カード例〕
青…全面的に賛成
緑…一部賛成
黄…言いたいことは分かるが，疑問がある
赤…反対

❹立場（色）ごとにグループ（３～５人）に分かれる。決断をした理由を挙げて話し合い，メモを書く。（４分）

❺各グループの考えとその理由をクラスで発表する。各グループを比較して，そのような意見になった理由が最も説得的だったグループをジャッジする。（５分）

活動のポイント

意見文に求める意見は，低学年等では難しいものではなく，簡単な内容で一つのまとまった考えが表明できたらよい。最初の賛成・反対の意見の決定後，全体の分布を見たり，カードを出して，中間的な意見もあるのだと知ると，立場を変えたり，揺れたり，考え直す姿が多く見られた。グループ内で理由を考えることでも，自分の立場や意見の度合いが明確になっていくのに気付いていったようだ。

意見を明確にするのには，話し合い過程で「論点」を明確にすると深化させることができる。例えば，「カレーパンよりクリームパンがいい。」といった議論でも，「『栄養』面から考えてごらん。」と提示すると考えが深まることが分かる。感想にも「こんなに意見が変わるのかと驚いた。」と述べている。

【著者紹介】
井上　一郎（いのうえ　いちろう）
国語教育学を基盤に教育改革を目指す教育学者。奈良教育大学助教授，神戸大学教授，文部科学省初等中等教育局教育課程課教科調査官，国立教育政策研究所教育課程研究センター研究開発部教育課程調査官・学力調査官，京都女子大学教授歴任。
〈主な著書・編著書〉（出版社：すべて明治図書）
『誰もがつけたい説明力』2005,『読解力を伸ばす読書活動―カリキュラム作りと授業作り』2005,『話す力・聞く力の基礎・基本』2008,『学校図書館改造プロジェクト』2013,『記述力がめきめき伸びる！小学生の作文技術』2013,『学力がグーンとアップする！自学力育成プログラム』井上一郎，永池啓子共編, 2014,『読解力を育てる！小学校国語定番教材の発問モデル』物語文編，説明文編，2015,『読書活動でアクティブに読む力を育てる！小学校国語科言語活動アイデア＆ワーク』井上一郎編，古川元視著，2015,『小学校国語科汎用的能力を高めるアクティブ・ラーニングサポートワーク』2015,『アクティブ・ラーニングをサポートする！小学校教室掲示ポスター＆言語能力アップシート事典』2017,『アクティブ・ラーニングをサポートする！学校図書館活用プロジェクト　掲示ポスター＆ポイントシート事典』井上一郎編著，古川元視著，2017。

〔本文イラスト〕　木村美穂

短時間で効果抜群！70のアレンジを収録！
小学校国語科　話すこと・聞くことのエクササイズ70

2019年4月初版第1刷刊 ©著　者　井　上　一　郎
発行者　藤　原　光　政
発行所　明治図書出版株式会社
http://www.meijitosho.co.jp
（企画）木山麻衣子（校正）㈱東図企画
〒114-0023　東京都北区滝野川7-46-1
振替00160-5-151318　電話03(5907)6702
ご注文窓口　電話03(5907)6668

＊検印省略　組版所　藤 原 印 刷 株 式 会 社

Printed in Japan　ISBN978-4-18-284213-9